How To Become
A Long-term
Activist

我在世界500强做人力资源总监

如何成为长期主义者

黄渊明 ◎ 著

·北京·

内 容 简 介

作者结合自己的人力资源管理从业经历发现，由于HR短期主义盛行，企业与员工都走了很多弯路、踩了很多坑。《我在世界500强做人力资源总监：如何成为长期主义者》是作者对于人力资源长期主义实践的总结。人力资源长期主义思维与举措落地，能为企业的经营目标达成、战略落地提供组织、人才、文化等方面的坚实支撑。在人力资源管理工作中，有预见性地埋下一些"伏笔"，种下一些"种子"，随着时间的推移，它们逐步生根发芽、成长壮大，逐步沉淀为影响更为久远的基础设施，成为企业的长期工程，这对企业和人力资源管理者，都是一件非常有意义的事情。

图书在版编目（CIP）数据

我在世界500强做人力资源总监：如何成为长期主义者 / 黄渊明著． —北京：化学工业出版社，2023.10
ISBN 978-7-122-43650-4

Ⅰ.①我… Ⅱ.①黄… Ⅲ.①企业管理-人力资源管理 Ⅳ.① F272.92

中国国家版本馆 CIP 数据核字（2023）第 105588 号

责任编辑：刘　丹　　　　　　装帧设计：李　冬
责任校对：李露洁

出版发行：化学工业出版社（北京市东城区青年湖南街13号 邮政编码100011）
印　　装：大厂聚鑫印刷有限责任公司
710mm×1000mm　1/16　印张14½　字数186千字　2024年1月北京第1版第1次印刷

购书咨询：010-64518888　　　　　　售后服务：010-64518899
网　　址：http://www.cip.com.cn
凡购买本书，如有缺损质量问题，本社销售中心负责调换。

定　　价：78.00元　　　　　　　　　　　　　　　版权所有　违者必究

谨以此书献给我的父亲母亲

感谢父亲让我学会了沉静、专注

感谢母亲让我学会了勤奋、不服输

我为什么追寻 HR 长期主义 —— 序言

用文字沉淀长期主义

在我的骨子里，一直有一个潜藏的意念，就是寻找那些长期不变的底层规律。这有点像桥水基金创始人瑞·达利欧写《原则》《原则2》的初衷，即对生活、工作、管理、经济、历史、国家等方面的基本原则、底层规律的思考。慢慢地，我领悟到自己内心追求的，就是长期主义。

我是那种内心需要确定感的人。我关注底层逻辑层面的东西，寻找普适性的规律，不管这个规律是否隐藏很深，甚至不曾彰显给世人。毕业后第三年，即2006年，我在人力资源杂志上发表了第一篇文章，接着用4年时间发表了50篇文章；2014年出版了第1本书，到目前已出版10本书（本书是第11本）……这个过程，就是对人力资源管理领域"不变"的东西的追寻。

我希望自己的文章和书，能够沉淀得更深一些，能够穿越更长的时间周期。每一个作者，可能都希望自己一生中，有一本书能成为百年经典。自己创作的书，在经年累月中，慢慢散发出思想的清香，这种感觉让我心醉神驰。

高瓴资本创始人张磊先生的《价值》一书，让我有醍醐灌顶的感觉，这本书我读了好几遍，回味无穷。张磊先生提倡的长期主义，也同样适用于人力资源管理领域。我用长期主义去分析企业内很多关于人的问题和现象，似乎都可以找到答案。用长期主义的视角、价值的视角去解读人力资源管理工作，似乎都一通百通了。

人的认知是灰度发展的

关于写书，我有一种也许是过分的评判。我认为，所有伟大的作品都不是作者写出来的，而是经由作者流淌出来的，通过努力和勤奋可以写出一流作品，但写不出超一流作品。记录职业成长过程中的思考，只是对该时间阶段、该实践场景下的触发性思考，对于那个阶段、那种场景是有正确性的，但随着时间推移，正确与否需要考量和检验。

我认为，这种思考及总结，是个人管理经验的灰度化扩张与延展。因为求知者、求真者是通过不断探索追寻真理之路的，这条路上的思考极为珍贵。而且，没有前者的思考，就没有后者的创造。前者是探索、铺垫道路，后者是前者的延伸；没有前者的探索、铺垫，就没有后者走上康庄大道的美好。我们不能因为有了后者，就否定前者，后者伟大是因为站在前者肩膀上。这就是灰度认知法，灰度在逐步加深、递进变化，这是事物发展的规律。没有先知先觉，只有渐知渐觉。

黄渊明

第一章 HRD需要进行角色升级 ... 1

一、HRD为什么需要角色升级 ... 2

二、HRD更上一层楼：HR长期主义者 ... 5

第二章 HR长期主义者：视角篇 ... 9

一、高度 ... 10

二、广度 ... 11

三、深度 ... 12

四、长度 ... 13

第三章 HR长期主义者：思维篇 ... 17

一、上游思维 ... 18

二、长期主义思维 ... 21

三、灰度思维 ... 23

四、场景思维 ... 26

五、系统思维 ... 29

第四章　HR 长期主义者：战略 / 策略篇　33

一、我们要搭建怎样的"人才工程"　34

二、长期主义就是构筑底层能力　36

三、机制能创造人才　38

四、在大项目、大战役中锤炼人才　40

五、人才工作是慢变量　41

六、不要陷入"解决问题"的怪圈　43

七、"守正"与"出奇"并用　46

八、做好人才价值的周期管理　49

九、善用人力资源的"飞轮效应"　53

第五章　HR 长期主义者：方法篇　57

一、先人后事，因人成事　58

二、遵循底层逻辑　58

三、有策略、有步骤地推进　59

四、重视项目管理　60

五、重视基础运营　62

六、平台化与产品化　64

第六章　HR 长期主义者：业务篇　67

一、业务管理者的底层思维　68

二、市场资源投入的非对称性　71

三、创业型企业的研发部门应如何定位　73

四、业务管理者如何避开沟通中的"坑" 74
五、如何有效影响业务管理者 77
六、管理者的本手、妙手、俗手 79
七、减少信息的不对称性 81

第七章 HR长期主义者如何帮助CEO分忧解难 83

一、确定组织战略发展路径 84
二、解决好"人"的问题 86
三、在"事"上的解决之道 93
四、用心做好文化传承 96
五、决策时减少原生职业的影响 97

第八章 HR长期工程模型 101

一、人力资源长期工程全景图 102
二、三个引领要素 103
三、三大支柱体系 105
四、四大落地机制 106
五、三项基础支撑 109

第九章　建立人才引进长期工程　111

一、永远展示对人才的重视和善意　112

二、起于招聘，但不止于招聘　114

三、看人看到骨子里　115

四、优点突出的人，缺点也突出　117

五、给人才做"私人定制"　118

六、建立一张人才引进清单　122

七、确保人才供应链的安全　123

第十章　用时间砥砺、发展人才　127

一、用价值视角去看待人才　128

二、人才萃取帮助企业构建人才优势　130

三、新员工培训的内容　131

四、如何做好人才备份　133

五、给组织培养"三代人"　137

六、谷歌更新绩效评估方式带来的启示　138

第十一章　干部任用与职业经理人价值发挥　147

一、避开干部任用的坑　148

二、干部这样任用才有效　150

三、善用领导力的级差效应　152

四、做管理，要纯粹　153

五、职业经理人不是救世主　155

第十二章　HRD 怎么做人才激励　　161

一、如何建立系统性的企业激励体系　　162

二、管理者如何"分好钱"　　164

三、允许人才局部"脱缰"　　167

四、鼓励"创新向善"　　169

五、唤醒人性：四个层级的底层驱动力　　171

第十三章　文化建设：用发展来激发员工的信心　　175

一、人力资源管理的效果："近悦远来"　　176

二、员工的信心来源于什么　　178

三、磨炼员工的反脆弱能力　　180

四、你有让员工不断泄气吗　　181

五、如何让团队具有活力与创造力　　183

六、文化是在互动中产生的　　185

七、创业型企业应该发展什么样的文化　　187

八、创业型企业如何抓好文化建设　　190

第十四章　经济下行期，HR 长期主义者帮助组织应对不确定性　　193

一、回归人效管理的本源　　194

二、裁员的后遗症　　196

三、HR 长期主义者如何帮助组织应对业务不确定性　　198

第十五章　目标：HR平台化、数字化　203

一、飞书：HR平台化、数字化运营的典范　204

二、HR平台化、数字化转型，往何处走　206

三、HR平台化、数字化：想说爱你不容易　209

第十六章　HR长期主义者的自我提升　211

一、最初的职业对你的影响是什么　212

二、去大企业还是小企业工作好　214

三、行业对人才底层思维的影响　217

四、把你的职业发展成果产品化　218

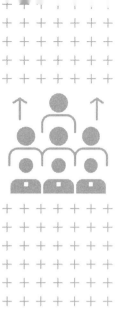

第一章
HRD 需要进行角色升级

随着我做 HR（human resources，意为人力资源）管理的时间越长，特别是做了多年 HRD（人力资源总监），我越来越感到，HRD 的角色到了该突破和升级的时候了。

一、HRD为什么需要角色升级

1. HRD 不能有效影响业务领导

在很多公司中，HRD 影响业务领导的作用相对有限。其中既有 HRD 自身能力的问题，也有 HRD 角色定位的问题。在大多数公司的组织架构中，HRD 的角色作用是比业务领导弱的（或者低半级），只作为支撑业务领导的辅助岗位或角色。由于你是支撑业务领导的，所以，你只能更多地辅助、服务于对方。关键的问题来了，很多业务领导的视界、格局是有限的，他只盯着自己的"一亩三分地"，很难超出自身所负责的业务范围来思考公司全局的问题。

业务领导关注的是，HRD 怎么帮助自己搞定业务中有关人的问题，比如招人、考核人、培训人、激励人、淘汰人，以便快速对业务起到自己所希望的促进、刺激作用。立竿见影，见效快，往往是业务领导的核心诉求。这个出发点无可厚非，但明显有着短期思维的特点，缺少对中长期效果的考虑，有的甚至给组织中长期发展埋下了隐患和风险。

举个例子，某公司业务领导出于应对预计的下一季度业务高峰用人需求，要求 HRD 短时间内快速招聘补充相当于目前人员一倍的自有员工，结果，业务高峰没有如期而至，只出现了一个月的小波峰。这导致公司短时间的人力成本大幅上升，波峰前后人力被大量闲置，所以波峰刚过，业务领导又要求 HRD 进行大量裁员，因此引发了批量员工关系事件。HRD 为此焦头烂额，公司的雇主品牌也被严重损害。

其实，当初 HRD 提出过引入人力外包，以增加该业务部门人力弹性的建议,但被业务领导一口否决了,认为这是有风险的。HRD 出于自身是服务、辅助的角色,不太可能与业务领导力争。

很多时候,HRD 满足了业务部门的短期需求,却损害了公司全局与长远的利益。当 HRD 身在局中之时,反而看不清何为组织的真正所需,他会比较倾向于尊重业务领导的选择与决定,由此容易失去自身的专业独立性,缺少了一份坚持。

2. 业务领导的短板

业务领导的底层思维是业务思维,更多关注业务成果,对组织、人才、文化等问题思考较少,甚至这些问题会成为其思维的"盲区"。比如,为了支撑业务的发展,需要什么样的组织能力?需要引进、保留什么样的人才?如何评估员工的绩效产出?如何进行有效的激励?需要什么样的文化凝聚团队?……业务领导很少思考这些问题。HRD 要改变业务领导的管理思维,提升他们的管理能力,颇费力气,有时甚至是不可能做到的。因为角色定位的不同,在大多数情况下,业务领导的能量是在 HRD 之上的,他的能量在更多地影响你,而不是你在更多地影响他。HRD 作为业务伙伴,委身于人,焦点会集中在对方身上,反而模糊了自身焦点,淡化了自己最核心的价值,失去了自己的独立性与客观性。所以,HRD 在一定程度上是需要抽身出来的。

我们要提升组织能力,提升组织绩效,一方面是改变人,另一方面是改变组织。改变人,就是改变人的意识、思维、能力,这是可能的,但这是慢功夫,需要花大力气,甚至永远都不可能有质的改变。人是很难改变的。要改变业务领导的管理意识、思维、能力,其难度可想而知。而改变组织,比如组织的平台、制度、机制、流程、系统等,却可能容易得多,也见效快、有效性强。有时候,通过构建组织平台,把组织内的人(包括管理者、员工)进行整体抬升,也许是更好的方式。

比如,在过去一段时间,我一直在组织内提倡员工多元化激励,即不仅对员工进行物质激励,还进行非物质激励(如荣誉激励等)。虽然我在公司各种管理会议上强调,并请 HRBP(人力资源业务合作伙伴)与业务领导点对点沟通,如此呼来喊去也没多大效果。

后来,我在公司内引入了一个在线游戏化即时激励平台——"××米缸",激励是以在线、即时发放"粮票"的方式进行,业务领导可以在平台上随时对员工进行表彰,员工之间也可以相互赞赏,而且全员可见,还有全员排名……

此种方式把整个公司的即时激励文化彻底"引爆"了,掀起了一股热潮,全员投入度超出期望。现在该平台已成为公司的最具活力平台,对于内部士气提升、氛围营造起到了极其突出的作用。

3. "入局"与"出局"的灰度结合

过犹不及,物极必反;合久必分,分久必合。也许,我们过于强调 HRD 与业务之"合",是应该适时"抽身"了。我们提倡 HRD 的角色升级,包括定位升级、思维升级、能力升级,不是取消 HRD 作为业务伙伴的角色,而是需要在"入局"与"出局"之间有一个合理的结合。

一方面,HRD 自身要能够不断"进化",更多一些从专业独立性、从公司全局、从更长视距去思考问题,并与业务领导主动沟通,积极影响他们,重构他们的需求。也就是说,既要考虑本业务部门的短期需要,也要考虑公司全局、长远需要。有的工作,HR 可以离业务近一些;有的工作,HR 可以离业务远一些。HR 有的决策应该以业务为主,有的工作决策却应该以 HR 为主。

两种工作方式应该相互结合,这就是灰度。HRD 越是做到高层级岗位,越应该能够抽身于具体的业务,从更底层、更高维度去思考和决策,这要求 HR 管理者在公司内有充分的使命感、足够的影响力。

二、HRD更上一层楼：HR长期主义者

1. 超越HRD：HR长期主义者

什么成就了你，什么也约束了你。HRD应该有下一站的目标和追求，这是HRD成长的必然诉求。当然，HRD的升级，除了职位晋升，如成长为HRGM（人力资源总经理）、HRVP（人力资源副总裁）、CHRO/CPO（首席人力资源官/首席人才官）等HR管理职位，还应该有另一种不同维度的全新定位。

我认为HRD角色升级是HR长期主义者，英文可以用HR long-termist来表达。HR长期主义者，不是一个职位，而是一种角色定位、一种思维方式。这就如同HRBP不一定是一个职位，也可以是一种角色定位、一种思维方式一样。我认为所有的HR团队成员都是HRBP角色，而HR一把手就是最大的HRBP，只不过他服务的业务伙伴是公司高层管理者（如CEO、业务副总裁等）。

2. HR长期主义者是如何"升维"的

HR长期主义者在哪些维度上有着明显的"升维"呢？

从被动服务到主动影响与赋能，从"附和"到独立思考。HRD长期形成的思维习惯，首先是服务。你对业务领导提出需求，先要响应并满足其需求。这种角色定位，不管你承不承认，是偏被动的——被动地响应、被动地执行。当然，有些做得好的HRD，起到了对业务领导及员工的主动影响与赋能的作用。比如HR领导将业务部门提出的需求转化为HR解决方案，这是在业务领导提出的显性需求基础上，深入分析业务痛点及深层需求，重构出满足其深层需求的HR综合解决方案（即HR举措）。被动与主动的工作内容的比例，在不同HRD身上有着不同的体现。HRD新手可能为1∶9

或 2 : 8，好一点的 HRD 能做到 3 : 7 或 4 : 6，最好的可以达到 5 : 5 或 6 : 4，但这几乎已是上限了。

HR 长期主义者，不仅仅把自己定位为业务伙伴，更是把自己"升维"成公司的 HR 长期工程（基础设施）构筑者，他的目标是构筑企业的 HR 底座，为业务的长期发展、企业的长治久安奠定基础。所以，他天然带着独立的、更全局、更长期、更底层的思考。这使 HR 在与业务领导沟通的时候，有着冷静旁观、审慎判断的特点，他能跳出业务部门的需求表象，用更底层的逻辑去解构业务的需求，然后转化为企业的组织、制度、流程、机制、文化，以及 HR 共享服务、项目等。

他会更多地思考 HR 解决方案与行动举措被执行后所产生的系统性、长远性、周期性的影响。如果说 HRD 更多是从偏表面去满足业务的需求，HR 长期主义者则是从偏底层去满足业务的需求。当然，这里面有一个过渡的灰度状态，由浅到深。

3. HR 长期主义者如何进行底层思考

当 HR 长期主义者接到一个员工、一个业务领导、一个业务团队的需求时，会自觉地将思考的范围从局部扩展到全局。比如他会思考：这对其他员工、其他部门，甚至公司整体的影响是什么？

HR 长期主义者还会超越短期的影响，从更长期的角度思考做某件事的影响。比如他会思考：我这么做，它短期的影响是什么，中长期的影响是什么，会不会有后遗症？如果是积极的影响，能不能形成一种文化氛围，变成员工的自觉行动？

HR 长期主义者会超越业务伙伴的角色，进入企业 HR 体系"总设计师"的角色。比如他会思考：在 HR 整体架构上，我们可以做出什么优化和改变，才能从根本上解决问题？我们能够把表面的问题沉淀为公司的 HR 基础设施吗？我们能够从个案的问题抽离出来，形成一种普适性、根本性的解决方案吗？

HR长期主义者还会"升维"到商业逻辑的角度思考问题。比如他会思考：业务部门对人力资源提出这样的需求，背后是想强化什么样的业务能力，这对公司业务发展有什么影响？这是否符合基本的商业逻辑，能在市场中找到合适的定位吗？这个定位是正确的吗？如果定位正确，我能怎样帮助业务构建所需的组织能力？如果定位不正确，我怎样才能帮助业务找到正确的道路？这么思考，是因为如果商业逻辑不成立，公司在市场价值链中没有扮演合适的角色，甚至是扮演一种错误的、容易被替代或抛弃的角色，那么，HR今天所做的事情，可能会使业务在错误的道路上越走越远。

HR长期主义者的视野，已从微观扩展到宏观，能从市场发展、商业逻辑的角度去审视业务的需求，并主动提出问题和建议。HR长期主义者关注的东西，不仅仅是HR专业范围，或者业务部门范围，还会扩展到组织外部，在宏观经济环境中，去识别组织的机遇、挑战与风险。所以说，HR长期主义者的视角是CEO的视角。

HR长期主义者会通过自身的行动举措，把不确定性的东西转化为确定性的。他构筑的是一种底层的能力，是让企业的重心下沉，沉淀为更根本的组织能力。这就如同企业云计算服务从SaaS（软件即服务）到PaaS（平台即服务），再到IaaS（基础架构即服务）的沉淀，即企业自主管理、掌控的范围越来越大，越来越能根据自己的需求进行定制，越来越能沉淀自身不可替代的核心竞争优势。HR长期主义者是企业未来更需要的角色。我们期待有更多的HR长期主义者出现！

第二章
HR 长期主义者：视角篇

  企业要获得市场竞争优势，一个根本性的支撑是先获得人力资源的优势。而要获得人力资源的优势，其对人力资源的认识必须要超越大部分企业，并衍生出相应的人力资源理念、方法和举措，形成制度、机制与流程，才能沉淀为企业的竞争优势。企业需要思考：我们应该选择一条什么样的人力资源发展之路？是否可以在现有发展之路的基础上有所升级，或者转到另一条更优的道路上？如何进行升级，如何走上一条更优的道路，首先要在视角上有所变化，认知上有所升级。那么，企业管理者、HR 需要拥有哪几种视角？要做哪些人力资源认知升级呢？

一、高度

1. 高度决定定位

你会从什么高度来看待你所在的城市？在高度 100 米、500 米、1000 米、3000 米、5000 米……你看到的景象自然是不一样的。这个不一样，更多地体现在本城市在更大地域范围内所处的位置，你会对这个城市进行更宏观意义上的定位。而对城市的定位不一样，随之衍生出来的东西就大有不同了，比如城区规划、基础设施建设、重点发展的产业、重点引进的人才等。

看待人力资源的高度，就是从人力资源"上方"多少距离来看待人力资源。每一层级的人看待人力资源的高度是不一样的。比如 HR 专员、HR 主管、HR 经理、HRD、HRVP/CHO、CEO/ 董事长、投资人，看人力资源都会有较大差异。定位会决定你所有的工作方向、思路与方法。你是把人力资源部作为企业发展的核心支撑部门，起着引擎的作用，还是作为一个执行的部门？从一定的高度，可以看到人力资源不仅仅是一个独立的部门，而是渗透于企业各个部门之中，包括其他业务部门、非业务部门，为它们源源不断地输送能量。

所以，人力资源的位置应该是在中心，才能把资源和能量输送到周边，从而支撑"全局作战"；或者是最底层的基石，让企业的大厦屹立不倒。越是企业高层，越应该了解人力资源的价值，从而更加重视、更加支持人力资源的工作。

2. 超越层级，才能获得更高视角

我们应该聆听其他更有高度的人对人力资源的看法，比如伟大的领导人（包括国家元首、各类大型组织领导人）都是极为重视人力资源的，甚至视人力资源为第一资源，因为人才这种资源可以带来、生产出其他资源。

我建议企业中每个岗位的人都能看看上一层级的人所看的书，比如做招聘的人看 HRD、HRVP、CHO 看的书，CHO 看 CEO、董事长看的书，CEO、董事长看国家领导人看的书。

作为人力资源管理者，一方面要提高自己对人力资源定位的认识，另一方面也要在各种场合想方设法影响他人，特别是企业领导、业务领导对人力资源定位的认识。这不仅有利于人力资源部门、人力资源团队开展工作，更有利于企业内部形成重视人力资源的意识与氛围，有利于形成尊重人才、爱惜人才、用好人才、激励好人才、保留好人才的机制。

而当每一个业务领导都有对人力资源定位的正确认识后，他们会自发地管好自己的团队。

二、广度

1. 你能用的人才范围比你想象的更广

广度，是把人力资源工作的边界，以及所能调动的资源的边界，进行扩展、延伸，甚至跨界。

比如你能用的人才不仅包括企业内部的人才，还有企业外部的人才；不仅包括现在可用的人才，还有潜在可用的人才；不仅有本行业的人才，还有跨行业的人才；不仅有本国的人才，还有其他国家的人才；不仅包括同行业竞争对手的人才，还包括客户、供应商及其他行业的人才；不仅包括社会人才，还包括应届毕业生，以及在校的学生；不仅包括正式员工（可分为全日制、非全日制员工），还包括顾问、外包人员、独立职业者、自由职业者等；不仅包括素质全面的优才，还包括专才、偏才……我们不仅仅追求人才"为我所有"，更要转变为人才"为我所用"。要"以用为本"，而不是"以有为本"。

2. 超越人力资源去看人力资源

人力资源工作者不要只考虑人力资源层面的问题，也要考虑超越人力资源层面的问题，比如公司的战略、业务发展、品牌宣传、财务现金流等问题。HR 要从更广泛的生态环境中去看待自身，才能更好地发挥自身的功能和价值，才能获得更长久的发展。

人力资源领域的各模块，HR 也不能只考虑本模块的问题，还要考虑其他模块的相关问题，就像做招聘的不能只考虑招聘的问题，还要考虑候选人进来之后的考核、培训、发展、激励、员工关系、文化等问题。

企业的经营发展规律，除了受自身的内部因素影响外，往往还受周边环境的影响，甚至是更高维度的影响。所以，人力资源工作者一定要让自己融入企业经营管理的血液中，与周边业务部门、其他职能部门融为一体，并把关注的范围扩大到企业外部宏观经济环境、行业发展环境中。

通过对企业整体及外部环境的洞察，HR 可以及时识别与把握对企业有利的发展机会，为企业出谋划策、提供资源，为公司业务提供更好的支撑，同时识别对企业有影响的"灰犀牛"或"黑天鹅"式危机，推动和帮助企业提前做好准备与应对。

三、深度

人力资源工作的深度，就是要把本专业做深、做透，做得更加规范化、精细化。在人力资源工作具体操作上，如果细节上不注意，很可能会引发劳工相关问题，甚至危机，这是因为企业的人力资源管理基础没打牢。人力资源工作要做得深，就要有理念、体系、流程、工具和表格。

人力资源理念就是如何看待人力资源自身的角色、定位与作用，以及如何看待人才、对待人才。人力资源管理要有整体的框架，建立自身的体系，就像一个房子得有地基、柱子、屋顶、墙、窗、门……这样房子才是完整的，才能住人。

所以，企业的人力资源管理要有全景图，形成一个系统，才能立得住。流程代表了人力资源工作规范化的程度，它能长远而有效地提升效率。有了流程，就会有边界，有边界才有自由。流程建设有利于组织的稳定输出，在中长期内保证了组织运行效率。在推行流程管理的初期，组织运行效率可能会受到一些影响，但真正走顺了就会成为康庄大道。

就如同走一条山路，开始时荆棘满布，慢慢就踩出了一条隐约的小路，走起来好一些，但路还是不平，要仔细辨认，还要留心有没有石头、树根、草垛等，脚步走不快，但越走路越平坦、越顺畅、越宽敞，到后面就游人如织、穿梭不息了。

工具、表格是为了尽可能地标准化，统一同类工作在不同内部组织的输出标准与接口，确保对接是准确、顺畅的。有了流程与工具、表格，相当于企业内部各部门有了共同语言体系，减少了沟通的成本。

四、长度

1. HR 要拉长时间维度去做事情

人力资源管理者做一件事情，如果用不同的时间维度去考虑，得出的决策是不一样的。比如说一件工作，你只考虑做三个月、六个月，或考虑做三到五年，或做十到十五年，又或者做二三十年……当你拉长时间维度去思考，并用这个标准来决定一件事情做不做、怎么做的时候，你将有完全不同的价值收获。也许你会发现，那些你只考虑做一两个月，或者三五个月的事情，根本不值得做，也不会有什么效果。相反，如果你觉得一件事情，做十年、二十年都是有必要的，那么，这件事情很可能对组织来说就是很有价值的。

企业建设人才工程，应该秉持长期主义，要把"大颗粒"的事情，拉长时间周期去做。以华为举例，它持续数十年招聘顶尖院校优秀毕业生，把批量研发人员调配到销售与服务部门,每年销售收入10%以上投入研发等,都是这种认准了就长期投入的做法。

2. 企业家要有打造百年企业的雄心

我们考虑组织的问题,一定要拉长时间的维度:你的组织能够存在多长时间,或者你想它存在多长时间,你就会对人才问题考虑多长的周期……十年树木,百年树人。阿里说做102年的企业,就是出于这份雄心。

目前很多企业家、职业经理人都有短期用人的特点。有些企业家是"草莽"出身,不了解人才管理的底层规律,容易受个人主观情绪、用人偏好左右。而职业经理人源于其职业发展的特点,通常是在一家企业做阶段性停留,一个企业或职位,可能只是他职业发展旅程中的一站,所以他可能会盯着短期利益,看待人才的目光也自然变得短浅了。

着眼长远,着手眼前。"惟其艰难,更显勇毅,惟其笃行,弥足珍贵。"

每一个企业家都希望自己创立的企业能够基业长青,获得持续的增长与盈利,拥有长久的生命力,但在管理层面,企业家却很少思考,什么能够支撑企业的经营长青。

3. HR长期主义是企业管理的底座

企业的永续经营需要管理上的长期主义,而人力资源管理的长期主义是其中非常关键的一部分。我们在人的问题上,在管理底座的打造上,部分人缺少耐心、凸显功利主义、短期主义。很多时候,企业的所作所为是在挖企业经营的底座与根基,企业却不自知,结果就是,企业家、管理者不断给自己"挖坑"。

人力资源长期主义要求企业在人的投入上有超长期的耐心。企业在看到一些问题,并想要"短平快"解决时,一定要想一想:这是局部最优解,还是全局最优解?我们要谋求全局最优解。

当我们做一件事情的时候,不要仅仅从今天、这个星期、这个月甚至今年要不要做这件事情的角度去考虑,而应该尽量拉长时间周期,从三年、五年甚至十年、二十年的时间维度去思考我们要不要做这件事情。以更长的周期来思考做不做、如何做,是形成人力资源长期主义思维,走上长期主义之路的关键。

比如企业要做校园招聘,如果只是从今年的视角来看,可能是由于业务部门人手不足、某些项目需要发挥应届生的创意、社会招聘的人才成本偏高等。但是,如果从组织长远发展的角度来考虑,到了明年,企业的人手不短缺、项目已结束、人工成本不成问题了,企业还会做校园招聘吗?

所以,当我们从更长期的视角去考虑校园招聘工作,比如企业未来五年、十年、二十年的长期发展去思考,可能就会想到,企业的人才竞争力、人才梯队建设、组织活力激发、雇主品牌建设等,这些维度的思考都是关乎企业未来的。从这些角度去考虑校园招聘工作,会得到不一样的答案。

如果我们经常以十年为维度来决定做哪些事情,那我们做的很多人力资源管理工作,都是关乎长远、影响长远,有利于长远能力打造,有利于组织基座建设的,人力资源管理的战略性价值就真正实现了。

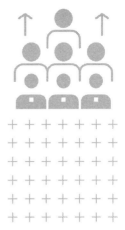

第三章

HR 长期主义者：思维篇

二十年来，我在企业人力资源管理一线"摸爬滚打"，受过世界500强企业的严格熏陶，也见证过创业型企业的自由创造。近几年，我在企业担任人力资源管理"一把手"的角色，我在不断思考、摸索如何以合适的角色给业务带来最大的价值，并能够积极影响业务领导、企业高层直至CEO或老板。现任公司CEO曾说我在理念上给他很大的启发。我和公司CEO的配合非常默契，特别是能够在思想的"源头"上和他达成一致，形成共识。个中缘由，我认为主要是彼此的思维方式比较一致，包括我们思考问题的出发点，我们会从更本质、更底层、更长期的角度来思考问题。

当你能够抽丝剥茧，直指本质，一针见血，说到要点，戳到痛处；当你能够忘记自身本位，从企业全局的角度、客观中正的角度，去思考和谈论问题，你就很容易和CEO达成一致，因为他就是这样思考问题的。当然，如果你还能给他带来更多的思维上的启发，就更好了。

那么，你如何能够和CEO进行思维碰撞，形成共鸣，给他带来"新鲜的空气"呢？

我认为有几种思维非常重要，包括上游思维（起点）、长期主义思维（终点）、灰度思维（过程）、场景思维（单点"打样"）、系统思维（时间、空间延伸）。

一、上游思维

1. 逆流者生，顺流者死

上游思维，也就是回到原点、起点的思维。

有位同事曾和我说过一句话："逆流者生，顺流者死。"这句话的意思是，你越往河流的上游追溯，找到它的源头，你就越有生命力，越有可选择性，因为你可以拥有更开阔的视野与空间，你能够重新选择与把握水的流向。相反，如果你处在河流的下游，甚至已经到了末端的支流、细流，你的流向基本已经确定了，你可选择的、可变通的空间非常小，你已经进入一个"僵化"的状态。这种情形，在具体工作中，就像你思考一件事情，如果从原则出发去思考，你获得的选择空间是很大的；相反，如果你是从具体做事的方法、从某一个操作点出发去思考，你的思维就进入"狭窄小巷"了，因为你已到了最末端的操作环节，也就是"细枝末节"了。

所以，和 CEO 或业务领导沟通的时候，我经常会问："我们的出发点是什么？我们的目的是什么？我们想达到什么效果？"特别是大家有意见分歧的时候，通过这些问题，比较容易把大家拉回到最初的思考点，回到事情的本源去想问题。比如，讨论一些员工激励政策，当大家看法不一时，你抛出一个问题："我们做这个激励政策的出发点是什么？"这时候，你很容易把大家拉回到之前的"初衷"——激发员工的积极性。这样，大家就回到了一个共同的起点去思考问题。基于大家都认同的原则去讨论，相对更容易就具体事情达成一致。

有了上游思维，你就不会被纷繁复杂的各种信息左右，导致不知如何选择。回到根本，把握根本，明确立场，笃定态度，以不变应万变，能够跳出表面现象，获得真知。有了上游思维，你就能够站在更高维去思考，更容易影响与说服他人，更容易集中大家的智慧，引导大家往一个正确的方向去思考和决策。有了上游思维，你将拥有一种"上帝"的视角（宇宙的本原是什么），不断向上追溯，在时空的真理通道中追溯，你将看到无比质朴、纯净的源头。

2. HR，向上游进发

帮助企业提前进入"新战场"。举一个例子，公司管理团队进行业务讨论时，市场部同事分析了国家相关政策、客户需求、行业竞品等情况，认为公司应该从现在开始，着手准备进入新业务领域，研发新产品，建立在该领域的竞争能力。谈到这里，他痛心疾首地说："过去，对于××产品，我们就是因为比友商晚了2~3年进入，才导致我们目前在该产品的市场拓展上处于非常被动的局面，别人已经把'好打'的客户都拿下了。因此，针对未来可能的行业产品发展趋势，我们必须提前进入，或者跟得快，才有可能进入'战场'，晚进入或跟得慢，只能为别人'打扫战场'了。"在讨论中，大家达成一个基本共识，就是要提前在新产品开发上做好意识、知识、人员、能力等方面的储备。

HR较多地在企业业务的"下游"处理一些工作，相对被动地接收需求，属于"后知后觉"型，这样，HR对企业业务的价值贡献是有限的。这就好像我们处在"微笑曲线"的底端，提供基础性服务、低价值的工作，而非"微笑曲线"的两边，做那些更具增值性的工作。我们HR有必要从下游向上游进发，发挥更具战略性、前瞻性的作用。

3. 往上游走，提升HR工作价值

那么，如何提高HR工作的价值呢？就是往业务的上游走，参与到行业分析、业务战略、业务布局、产品规划等工作中，提前"嗅到"行业变化的气息，做先知水暖的"鸭子"，并提前为业务的发展做好人才、能力上的准备，以及组织、文化意识上的铺垫。

首先，要保持和业务部门（特别是前端市场部门、销售部门）的协同，想方设法参加业务方向的讨论会议，阅读行业分析报告或公司内部的产品报告，对行业与产品的发展趋势保持足够的敏感性，并有基本的了解。其次，及时与公司管理层沟通业务发展趋势，获得他们在业务布局上的想法，了解他们的决心，评估HR部门应何时介入、采取何种方式。

当然，往上游走，是没有止境的，它可以无限延伸。但是，在上游的哪个点介入，去开展工作，是非常有讲究的。HR要在合适的时候做合适的工作，起到刚刚好的作用。

4. 在上游，HR能做什么

我认为在上游，HR可以做如下这些工作。

- 邀请业界专家，给业务部门提供行业发展趋势的分享与赋能；
- 关注和收集友商在组织和人才方面的新动向，比如新产品线的大量招聘等；
- 在年初做人力资源编制与预算时，要把新业务领域的规划考虑在内；
- 分析在新领域发展方面，公司现有组织能力、人员能力上的短板；
- 分析新领域拓展所需的人才类型、标准、来源等；
- 邀请友商人才或具备新领域经验的人才来面试，给业务部门输入新信息；
- 提前招聘储备若干新领域人才，内部盘点有新领域工作背景的人才；
- 为业务部门员工持续提供新业务领域的专业性培训赋能；
- 提前规划新业务领域的组织架构、人员配备、绩效考核与激励机制等；
- 在企业文化宣传、雇主品牌宣传时，渗透新领域发展的信息；
- ……

以上这些工作，都是人力资源部可以提前采取的行动。在行动过程中，还需要不断审视行动的成效，根据匹配业务进展的情况进行动态调整。总之，人力资源工作者只有把"探头"伸到业务组织的最前端，有着和业务工作者同样敏感的大脑，不断往上游进发，才能获得先知，采取先手，帮企业赢得先发优势，并持续构筑长期竞争力！

二、长期主义思维

1. 短期思维的特征与表现

短期思维有一个特点：只管开始，不管结果。这可能导致后续一大堆问题，都得别人来收拾"烂摊子"。

这样的事情在我们人力资源工作中碰到太多了：年初拼命招人，年底又拼命减人；刚刚提出一个政策，过几个月就变了；一个人力资源项目轰轰烈烈搞了一年，第二年就偃旗息鼓……

不仅企业的人力资源政策如此，业务政策也是如此，今天头脑一热，发展这个新行业，拼命投资源，一年后发现形势不对，马上改弦易辙。

2. 长期思维是什么，有什么意义

长期思维就是要看到终点，即你最终要到达的地方。如果你具有长期思维，就会想一想这项活动对未来的意义是什么，这种意义可以延续多久，几个月、几年，还是十几年，然后还要思考打算做多久，做一年、两年，还是五年、十年，甚至五十年……

这让我想起，华为从创立伊始就高薪招聘大学和科研机构的教授、专家，以及知名大学的优秀毕业生，这不是只做了一两年，而是坚持了三十多年，这些人才在华为的"熔炉"里，不断换岗、磨炼、沉淀、再生，已经发展为繁茂的"人才森林"。

很多企业都缺干部，而在华为，很少看到缺干部的情形，一个岗位空缺了，十个内部人选都可以顶上去。各领域的专家更是多路径、多梯次、多场景地储备、历练着，随时能"上战场打大仗"。

又比如培训活动，有一家知名企业把干部培训上升为公司级的关键项目，每年定期开班，培训结束后持续跟踪每个学员的学习成果转化，会一直跟进两年，看看培训内容是否真正实现了转化应用，并给学员提供适当的辅导和帮助。这家企业的应届生导师制，导师要负责三年，而不是过了试用期就撒手不管。

以上这些实践都渗透了长期主义思想，所以收效显著。

3. 如何培养长期思维

我们在思考、讨论、决策每一件人力资源工作的时候，如果有意识地带入长期性的思考，对工作是很有意义的。具体操作上，可以问这几个问题。

- ➢ 这项工作的长远意义是什么？能影响多久？
- ➢ 我们最终想达到什么效果？这是我们真正想要的吗？
- ➢ 这项工作打算做多久，是几个月、几年，还是年复一年，只要企业存在一天，就会坚持做下去？
- ➢ 如果打算只做一年，还要去做吗？会不会刚做完，短期效应过去后又没声息了？
- ➢ 如果从长期做下去的角度出发，应该怎么做，怎么定位？短中长期的目标又分别是什么？每个阶段应该投入多少资源，留下什么"资产"？

……

以上问题只是列举，还可以有更多类似的思考。这种思考确保了我们在方向、路径上的正确。同时，可在充分评估回报与风险的基础上有所舍弃，抓大放小。

如果 HR 拥有长期思维，就能更深远地思考每一项人力资源政策、活动的意义，就能用更长的视距来规划人力资源管理工作；如果 HR 拥有长期思维，就能和 CEO 站在同一个平面上，用长远的格局来谋划人力资源工作对企业发展战略的支撑；如果 HR 拥有长期思维，就能给企业建设起长期工程，就像都江堰、葛洲坝一样，让自然资源按照我们所规划的路径奔流不息，造福子孙后代。

三、灰度思维

灰度思维可以说是最难讲清楚的，其本身也存在灰度。为了便于大家理解，我把自己对"灰度"的认识过程做一个全面介绍，在此基础上，我再讲灰度思维如何应用。

1. 种下灰度思维的种子：《沉静领导》

我刚大学毕业时，偶然碰到一本书——小约瑟夫·巴达拉克的《沉静领导》，这本书讲述的领导者类型就具有明显的"灰度"特质。

"有一种领导者，他们不会在对情况了解多少和真正理解多少这个问题上欺骗自己；正视自己复杂的动机，利己主义与利他主义在他们看来并行不悖。他们争取时间，尽量做出合理的决定；深入钻研，仔细探究各方面的因素；明智地用他们的政治资本进行投资；投石问路、审时度势、轻推渐进；在必要的时候想方设法去变通规则；把妥协视作领导艺术和发挥创造力的很高境界；他们就是沉静型领导者。"

亚里士多德曾说过："勇敢是怯懦和鲁莽的中道，一个人过度好胜就变成了鲁莽，过度恐惧而畏缩不前就变成了怯懦。"这里面的"中道"，其实与"灰度"有着异曲同工之妙。

后来，我又看了小约瑟夫·巴达拉克的另外几本书——《灰度决策》《伟大的挣扎》，基本都传承了同一思想，即管理者、领导者在复杂多变的环境下，如何进行谨慎而灵活的思考与行动，从而既能保存自身，又能持续做出贡献，改变外在世界。

2. 灰度思想的渗透：任正非的"开放—妥协—灰度"

在华为工作的八年，结构性地改变了我的思维习惯、行事风格及人生轨迹。这种影响，直到我离开华为后的这几年，仍然发挥着作用，似乎刻在大脑皮层，融入血液里了，也许这就是华为的"基因"。在华为，对我影响最大的，莫过于任正非的灰度哲学。越是高层管理者，越需要把握灰度，从这里可以看出领导者的水平。

所以，要想提升自己的管理能力与领导水平，就要在灰度思维、灰度决策、灰度管理上下功夫。任正非关于灰度最有名的论述就是三个词："开放—妥协—灰度"。

我在华为工作时，其实没真正弄清楚这几个词的关系，离开华为，在其他企业工作一段时间后，才真正领悟了其内在的逻辑与智慧。

第一步，开放。广泛听取周边意见，不论是上司的、下属的、周边同事的，或者是客户的、供应商的，等等，就是广开言路，兼容并包。

第二步，妥协。把这些意见综合起来后，进行糅合，让他们相互碰撞，发生化学反应，甚至相互平衡、妥协、中和。

第三步，灰度。这是最关键的一步，也是行动的一步。即经过前两步之后，你得出的结论、做出的决策、行动的方式，是灰度的；就是你权衡了各种利弊后，在目前的资源约束情况下，走出相对最优、最合理、最符合实际情况的一步。而只有走了这一步，你才知道该怎么走出相对最优的下一步、再下一步，然后一步步走下去……你其实在走着一条更为稳健、合理的路，最适合你的路——因时因地制宜的路。

3. 灰度思维的应用：李小龙的"截拳道"与我的"灰度招聘"

我非常喜欢李小龙，看了李小龙的电影以及连续剧《李小龙传奇》，还看了他的一些著作，比如《生活的艺术家》《醒思录》等，我认为李小龙创立的"截拳道"的最重要的秘诀就是他对灰度的应用。李小龙的"截拳道"就是世界武术的灰度融合、集大成。借鉴李小龙的方法，我也设计出了具有自身特色的灰度招聘法，具体如下图。

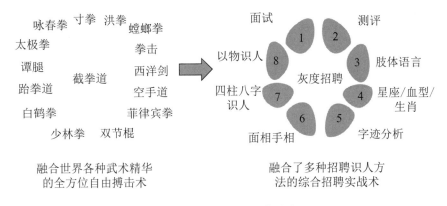

灰度招聘：招聘"综合格斗术"

当然，李小龙不仅在武术的外在层面应用了灰度的方法，在内在思想层面他也是灰度的高超应用者。东方的老子、西方的尼采、印度的达摩与克里希那穆提等，都是对李小龙思想有深远影响的老师。你在李小龙的电影、著作中，可以看到渗透着来自以上的精神智慧，比如水的智慧、手指月亮的比喻等。

4. HR 如何应用"灰度思维"：集大家的智慧才是大智慧

首先，要开放思想，多听别人的想法、观点，包括上级、同事、下级、客户、供应商、业界同行等，争取收集更多的信息，以便对事情能有更全面的认知。

在这个时候，切记不要秉持一端，认定自己的想法一定是最好的、最有道理的，甚至认为"真理掌握在少数人手中"——就是我的手中，这是很致命的。

其次，要把这些意见进行综合理解与分析，形成一种"综合解决方案"，这种解决方案既融合了众人的思想，有着他们各自的影子，但又不全是他们原来的面目，而是一种新的"结晶"。

最后，要善于利用集体决策的方式，就是大家一起充分讨论，把事情里里外外讨论个明白，然后各抒己见，最后总结出一个整合了众人智慧的最优化决策。

很多时候，HR只是"搭台子"的人，搭起合适的"台子"，让合适的人来"唱戏"。HR通过建立一种机制，让大家的智慧能够得到绽放、价值能够得到发挥。

四、场景思维

下面讲一下HR在和业务部门讨论问题、寻找解决方案的过程中的一种重要思维——场景思维，这是HR在工作中会经常运用的，同时要注意运用的时机、策略、方式。

1. 场景思维的典型运用

在和CEO及业务领导讨论工作时，涉及解决问题的思路、方法时，我经常会提出以下这些问题。

> ➢ 我们能不能举一个例子？比如某个人……
> ➢ 假设发生了这种情况，我们会怎么做……
> ➢ 我们就拿一个部门来示例，看看会怎样……
> ……

以上这些问题，能够把自己及对方的思维带入一种特定的场景中，去验证我们的设想是否可行、是否符合实际、有没有偏差或遗漏之处。

有时候，就理论谈理论、就方法谈方法，是不能得到合适的解决方案的，因为你脱离了实际场景。所以，必须借助一些具体的画面，模拟真实的工作场景，才能验证它是否行得通。

只有双脚踩在地面上，你才能奔跑；双腿迈进田地里，你才能发现庄稼有没有虫子;"蜘蛛侠"也需要先触碰地面或墙壁,才能继续飞翔。这也是一种打样的做法,就像做一个产品,先打个样来看看是否满意,然后再批量制作。公司有新的政策,如果较难预测其运行的实际效果,可以先找一个部门试行,这也是场景思维运用的方式。20世纪80年代我国在深圳试行经济特区,就是一种场景化思维的运用。

大至国家,中至企业,小至个人,无论是新政策、新举措还是新思想,都可以运用这种方式进行验证,验证可行后再扩大推行。

2. 基于场景的招聘

很早我就在招聘领域引入场景的概念,即了解候选人过去的工作场景,匹配其未来的工作场景,比较其中的异同,进而分析在未来的工作场景中,候选人的能力、经验等能否得到复制或移植。很多时候,我们在招聘时,既忽略了候选人过去的工作场景,更忘了分析及匹配其未来的工作场景,这是招聘失误的根源。我在《把招聘做到极致2:灰度招聘全攻略》一书中,重点阐述了这种方法,如何基于"企业—岗位—团队"三种场景进行面试,并提炼了"傻瓜式"的面试问题清单,此处不再赘述。基于场景的面试思路如下图所示。

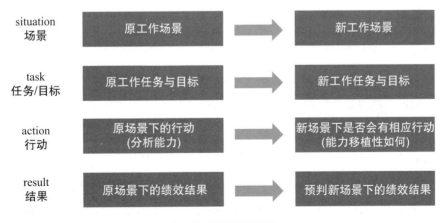

基于场景的面试思路

3. 基于场景的内部人才培养

在内部人才培养中，场景思维也可以大行其道。比如华为提出的"要优先在成功实践和成功团队中选干部"，就是一种场景思维。这背后的逻辑是：打胜仗多的地方和团队，出干部的概率更大。这个成功，有市场一线项目上的成功，有产品研发上的成功，也有流程引入变革上的成功。曾经取得过成功的人才，在类似工作场景中，能够最大概率地把成功再次复制出来。

华为还提出"优先在影响公司长远发展的关键事件中选拔干部"。这里面的关键事件，也是一种典型的场景。比如当公司经营出现危机时、当公司实施重大业务和员工管理政策调整时、当公司业务发展需要员工在一定程度上牺牲个人短期利益时……在这些特殊场景中，识别优秀人才，选拔优秀干部。华为还提出，要培养人才不同体系、不同产品线、不同区域与国家、不同岗位、不同周期的经验，就是要培养有"体系性作战"能力的人才。

华为的战略预备队，把一批批干部、业务骨干投入到既定的"作战场景"中（比如云计算、大数据、人工智能等），就是通过"作战场景"去锤炼人才，"在战争中学习战争"，积累"场景人才"，以便真正"打大仗"的时候可以派得出、打得赢。

华为首创的岗位——"合同场景师"，就是很典型的"场景人才"。顺着这个思路，还可以打造一批市场场景师、销售场景师、解决方案场景师、产品场景师、交付场景师、人力资源场景师、财务场景师等。这些场景人才，相当于在某些特定场景中，能够进行特殊作战的"特种人才"，类似海军陆战队，他们在渡海登陆作战中具有超强的战斗力，能发挥独特的作战价值。

很多时候，很难在所在岗位上培养人才不一样的能力，因为他的工作场景决定或者说制约了他的能力发展。这时候，必须创造不一样的工作场景，才能培养他其他方面的能力。具体方式上，可以是轮岗、挂职，或者兼任某虚拟项目的项目经理、项目成员等，通过不一样的工作场景，来发展人才"异质"的能力。

五、系统思维

1. 系统思维与场景思维的相关性

系统思维和场景思维相关。场景思维,更多强调"点"上的事情,就是拿一个点打开来看,拿一个点来验证和试验。但只聚焦在"点"上的思考,是不够的,很容易让人忽视全局及周边影响。系统思维,就是预防、避免这种点状思维造成的消极影响。不同于点状的思考,它是一种线上、面上的思考,是在时间、空间上的延伸性思考。

在 HR 工作中,经常需要就一些具体的问题、事件讨论解决办法,这时候很容易就这个问题或事件进行讨论,从而得出一个简单、直接的方法。比如:

- 公司想挽留一个离职员工,但员工提出涨薪50%,公司是否接受?
- 一个管理者与平行部门管理者存在沟通障碍与冲突,要不要干预?
- 一个员工申请与最近项目相关的一个外部培训,额度高达×万元,是否审批?
- 一个部门提出项目激励计划,里面涉及每人每月200元的团建经费,是否同意?

……

我们遇到太多这样的单个事件了。如果仅就单个事件去思考和决策,会出现什么情况呢?相信很多人会想到,孤立地去思考与决策一件事情,会造成其他方面的影响。

2. 系统思维要考虑周边影响

如果要解决一个员工的问题,就要考虑对其他员工的影响;同样地,要解决一个团队的问题,就要考虑对其他团队的影响——这是一种"示范效应"。

比如，你对一个员工长期考勤不打卡的现象采取漠视的态度，其他员工会认为考勤打卡无足轻重，也会效仿不打卡的行为，并能言之凿凿，因为公司已有对一个员工不处理的先例。一个部门管理者拒绝和其他部门管理者沟通和协同，公司如果默许这种行为，那就是向所有部门管理者说明了一件事情，即不沟通、不配合其他部门的工作是被容许的，甚至是合理的。

所以，HR所有的决策一定要站在公司的全局去考虑，要横向联系，扩大空间范围去思考。这样才能找到解决问题的最好方法。

比如，对以上出现的两种不良现象，公司的处理方法可以是：对不打卡员工逐步采取口头提醒、书面警告、通报批评等措施，严肃公司考勤打卡规则。对不沟通、不协同的管理者，可以私下与其沟通，明确指出其行为的不当之处，并强调公司对管理者的价值观行为要求；如仍不改进，就可以在管理层会议上当面指出该错误，并要求其配合其他部门工作；再严重者，就要采取更有力的举措进行处理。

3. 系统思维要考虑有没有"后遗症"

前面讲的系统思维的应用，是从空间的角度来考虑的，我们还需要从时间的角度来思考。如果你只是从目前的角度对某事情进行了处理，但这个事情也许会继续发酵，会有后续潜在风险，并引发其他问题。

很多工作都是存在后遗症的，比如批量性的人员优化，其后遗症就是对团队的凝聚力、对领导的信任度、对其他员工的稳定性的影响，这些影响可能会在随后的几周或几个月显现出来。那时，公司又需要去应对新冒出来的问题。这种现象，很像一句俗语说的"按下葫芦，浮起了瓢"，所以需要系统性地思考，如何做才能使后遗症最小化。

4. 如何提升系统思维

简单来说，系统思维就是进行"上下、左右、前后"立体延伸的思维，就像开一辆汽车，在行驶过程中，需要360度观察、感知周边车辆的距离与潜在碰撞的风险。我们 HR 要有对周边环境的感知力、对人的行为规律的判断力以及对事物发展规律的预测力。

要培养这方面能力，一方面需要积累更多的知识，比如心理学、行为学、管理学等，读《博弈论》与《易经》也是不错的选择（前者揭示了人与人之间的决策思考与行为模型，后者揭示了世间万物的发展变化之道）；另一方面，我们要不断在事上磨，在具体的事中去历练，积累更多的实际案例，逐渐培养出对事、对人的准确判断力、预测力、规划力。如此，在具体的事情决策时，就能自然体现出系统性的思考和决策了。

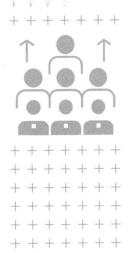

第四章

HR 长期主义者：战略/策略篇

HR 长期主义者在制定解决方案时，会比较注重战略性、策略性。HR 长期主义者要建设的是长期工程，他注重框架建设与底层能力构建，从"慢变量"入手，力求从根本上解决问题，利用周期与循环的力量逐渐改变未来。

一、我们要搭建怎样的"人才工程"

我参观过一些水利工程，觉得水利工程挺神奇的，能够驯服汹涌不羁的水流，让它按照人类所希望的方向、节奏流动，并生产电力，造福人类。其实，企业何尝不是一项大的"水利"工程，而人才，就是水流。

1. 企业是一个"人才磨盘"

好的企业，就是一个大的"人才磨盘"，人才在里面反复磨炼，成为熠熠生辉的宝石、金子。千锤百炼终成器。企业若能构建好自身的人才工程，是可以自动"生产"出人才的。如果把企业的机制比喻成河道的话，水是顺着最小阻力之路去流淌的，也就是会沿着河道去流。

因此，如何规划好人才河道，对企业人力资源工作者来说至关重要，因为它是对所有员工、干部的牵引，这个牵引往往是企业的政策、机制、环境的惯性。

2. 构建人才河道

人才河道的要件是什么，或者说分为哪几个部分？

华为讲究人才的选、用、育、留（流），它比大多数的企业多了一个"流"字，这是流动的意思。华为提倡人才要流动，不仅让人才流进来，在内部循环流动，还会流出去。

（1）华为的人才流入。华为有非常优秀的人才流入，比如顶尖高校的学生、卓越企业的人才。华为强调在全球进行能力布局，把能力布局在人才聚集的"高地"。"在有凤的地方筑巢，而不是筑巢引凤"。比如俄罗斯和法国数学领域人才辈出，华为就在两地设立研发中心，专门研究算法。巴黎、米兰的艺术设计氛围浓厚，华为就去成立美学研究中心，专攻产品设计。莫斯科、东京、伦敦、巴黎、班加罗尔等城市也设立了华为研发中心，华为也是以此来争夺全球各地的优秀人才的。

（2）华为的人才内部流动。华为的干部有之字形发展路线，平均每两年都会有岗位调动。普通员工有岗位轮换，还能自主应聘。华为建立了内部人才市场，国内员工在同一个岗位上工作满一年、海外员工在同一个岗位上工作满两年，就可以申请内部人才市场的其他岗位。员工面试通过后，如果原部门不同意，员工还可以自己发起调动电子流，不需要原部门主管审批，这样就实现了员工的无障碍流动。

管理者如果做得不好，就留不住人才，他的管理压力就会很大，因为人才会流失，流到其他区域、其他部门。人才不断流向组织最需要的区域、部门、产品线与岗位，他们不断地进行经验的交流、复用、融合，在不同的作战场景中磨炼作战技能，在"战争"中学习"战争"。

（3）华为的人才流出。流出，就是低绩效的人员、价值观不相符的人员，面临着离开公司的安排。当然，这种离开对员工来说，未必不是好事。另外，华为也注重"好聚好散"，华为对主动或被动离职的人员，都有很好的离职补偿方案，这点是华为人性化管理的体现。

3. 软硬两手都要抓

总而言之，企业应做好人才流动三大规划：

（1）流入规划：什么样的人进入公司？

（2）内部流动规划：在公司内人才如何流动？

（3）流出规划：哪些人离开公司？

一个在人才管理方面成功的企业，一定是在以上三方面都做得成功的。企业领导者、人力资源工作者要做的，就是设计好河道，建设好人才工程，然后让河水自然流淌。这个人才工程，是软硬兼有的，既包括制度、流程、机制等硬件，也包括企业文化、价值观、员工关怀、员工职业发展等软性因素。对于河道来说，硬的方面，就是河床、河道、河堤等基础设施，而软的方面，就是河道两边的绿化、灯饰、图文宣传等。

企业要软硬兼施，两手都要抓，才能起到好的效果。企业进行人才工程建设，其意义是非常深远的。

二、长期主义就是构筑底层能力

1. 企业的底层能力：商业模式、现金流、制度/流程/机制

我和老板谈到公司的商业模式时，他提到公司要构建行业生态中的底层能力。他说，越是底层的东西，越有价值，越牢固，越不容易被替代，越能穿越时间周期。在企业层面，商业模式、现金流、制度/流程/机制等，是属于底层的东西。它们对企业发展来说，都是非常重要的基础设施。因为有了这些基础设施，企业才有稳定的重心，行稳才能致远。

除了这些有形的底层因素，还有一些无形的底层因素，比如企业长期积累的行业经验，以及组织能力、企业文化等。华为孟晚舟在发布2021年报时总结道："华为的最大财富是人才存储、思想存储、理论存储、工程存储和方法存储，以及我们内部流程管理的高效有序的存储，这些才是我们亮丽财报背后华为真正的价值。"这里面提到的各种存储，就是底层能力的存储，厚积才能薄发。

2. 社会的底层能力：能源供应、基础设施

如我们日常所见，国家层面的水、电、石油等能源，以及公路、铁路/高铁等基础设施，一旦构建起来，就会长期存在，且人们离不开它们。我们不要排斥脏活、苦活、累活，这些活对社会有着基础价值，为社会提供了底层的能力支撑。

在电视剧《觉醒年代》中有这么一个场景，陈望道在上海工人夜校做了一番令人热血沸腾的演讲，里面讲到工人阶级的劳动价值：

"工人同志们，世界上是些什么人，最有用、最贵重呢？必有一班糊涂的人说，皇帝最有用、最贵重，或者说做官的、读书的最有用、最贵重。我以为他们说错了。我以为，只有做工的人最有用、最贵重。""我们吃的粮食，是种田的人做的，不是皇帝、总统、做官的人做的；我们穿的衣服，是裁缝做的，也不是皇帝、总统、做官的人做的；我们住的房屋，是木匠、瓦匠、小工做的，更不是皇帝、总统、做官的人做的。我们做的各种车船，是木匠、铁匠、漆匠做的，还有许多机器匠、驾船工人、掌车工人、水手、搬运工人等，有他们，才能够把我们的货物和我们自己送向远方，这些都不是皇帝、总统、做官的人的功劳。这个世界上，若是没种田的、裁缝、木匠、瓦匠、小工、漆匠、铁匠、机器匠、驾船工人、掌车工人、水手、搬运工人等，那我们便没有饭吃、没有衣穿、没有房屋住、没有车坐、没有船坐。"

"如此可见，人类各项人中，只有做工的人是台柱子，因为有他们的力量，才能够把整个社会撑住。若是没有做工的人，那我们便没有了衣、食、住和交通，我们便不能生存。如此，人类的社会岂不是要倒塌吗？我所以说，只有做工的人最有用、最贵重。"

3. 个人的底层能力：基本素质、个性、价值观

对于个人来说，也存在底层因素。在招聘面试时，我通常会考察候选人的基本素质、个性与价值观。这些都是比较底层的因素。

下面列举一下我认为比较重要的八大基本素质，见下页图。

这些底层的因素，一方面有着基因遗传的影响，另一方面与个人成长环境、经历相关。经历对形成个人底层能力有着关键影响。经历会形成经验，我们要把经验转化为能力。

招聘面试时关注的候选人基本素质

4. 底层能力是安全屏障

在电影《红海行动》中,我们看到中国海军"蛟龙突击队"在开始战斗时,都会先建立"战略控制点",特别是让狙击手占据制高点——这些都是为了建立战时的基础设施,形成安全的屏障网络,确保进可攻、退可守。

企业实践也一样,在业务往前冲的时候,很容易后勤支援跟不上;当业务下滑或失败的时候,公司就容易陷于困境,退无可退。公司的商业模式、现金流,以及制度、流程、机制等,就是要让队伍退下来的时候,能够有安全的屏障,不至于溃不成军,或者后勤断绝。

底层基础设施、底层能力,是企业的安全大坝,越早建设起来,团队在"进攻"的时候,越能后顾无忧,一往无前。即使面临外部危机,团队也能气定神闲,从容应对,充分发挥底层能力的优势,越挫越勇,帮助企业渡过难关。

三、机制能创造人才

1. 为什么说机制能创造人才

彭剑锋老师主编过一本书——《机制创造人才》,我非常赞同书名这个观点。的确,体制、政策、机制都能自动创造人才。为什么这么说呢?

因为体制、政策、机制的建设，相当于修河道，河道修好了，人才就是水，水会从四面八方汇聚而来，顺着河道汩汩而行。体制决定了政策与机制，政策是方向，机制是方法。

曾经听过平安集团一位高管分享一个观点："评价一项改革成就的高低，关键看是否能积累下制度性的创新成果。平安产品和服务的创新固然很重要，但最重要的是体制创新"。体制、政策、机制，本身就是一种竞争力。体制创新，并形成相应的政策与机制，就能为组织带来生机，带来生产力；同时也提供了一个人才成长发展的环境，它会吸引人才、培养人才、激发人才。营造公平竞争，能让优秀人才脱颖而出的环境，是非常重要的。

我一直认为，组织保留优秀人才的最重要一点是：营造客观公正的环境。领导者或管理者要能凝聚优秀人才，做到客观公正地评价人才。

2. 机会和发展牵引人才

国内各区域间的经济竞争往往体现在产业集聚方面，而产业的集聚，往往体现在人才和技术的集聚。由于技术很大程度上是依附在人才身上的，所以区域竞争的核心是人才竞争。

对于企业也一样，企业间的竞争，核心是人才的竞争。机会、发展牵引人才，而人才带来技术，技术外化为产品，产品能赢得市场。在如今的商业社会，机会和发展前景就如同指挥棒，影响着优秀人才的流向。

另外，信任和授权、文化的包容度，对于创新型人才的成长是非常重要的。求全责备的环境，接纳不了，也培养不了创新型的人才。

3. 管理体系与时俱进的重要性

体制、政策、机制等都是有一定适用期的，需要与时俱进地进行进化或变革。

对于企业来说，体制、政策、机制等可以统称为管理体系，其管理体系的动态调整是非常重要的，影响着企业的生死存亡。"华为大学"主编的图书

《熵减》中的"熵减——我们的活力之源"一文（作者殷志峰）提到："华为目前遇到的挑战之一就是，我们为之奋斗了 30 年的通信基础设施产业正在从高速成长期进入成熟偏稳健的产业周期阶段。这个产业的成长空间、业务特性都在发生变化，这是公司面临熵增的产业大背景。华为的整套管理体系，都是适用于高速成长型市场的，一旦市场空间遭遇天花板，那种偏激进的导向机制就可能引发一些动作变形，所以这两年华为在强调'有利润的收入，有现金流的利润'。高毛利、快速发展的业务状况会掩盖管理体制上的很多粗糙之处，当期经营好的会掩盖对未来的投入不足，等等，一旦增长减速，水落石出，一些战略和运营上的问题就会暴露出来，比如战略洞察盲点、流程冗长、组织碎片化、决策慢、过度制衡降低效率等。"

而文化，最后会与体制、政策、机制趋于同步。如果不改变体制、政策、机制，只想单独改变文化，是不现实的。

四、在大项目、大战役中锤炼人才

1. 从小孩学钢琴"大作品"想到的

我们家孩子学钢琴有好些年了，前期都是跟老师学一些相对简单的曲子，大概一年多前老师开始教一些"大作品"，初期比如《水边的阿狄丽娜》《军队进行曲》《彩云追月》等，近期又增加了更复杂的一些作品。

老师说这是孩子自己提出来的，他想学一些比较"厉害"的"大作品"，这样就有机会在同学面前"炫"一下。先不论孩子的初始动机如何，钢琴老师认为学"大作品"大有好处，因为"大作品"的难度提升了，不仅长度增加了，而且富有变化，对钢琴的演奏技法有更大的挑战与提升，而且，通过演绎"大作品"，孩子对"大作品"背后蕴含的故事、情感、文化、艺术意境等会有更深的领悟。

我认为，"大作品理论"不仅适用于练习钢琴等乐器，也适用于其他方面，比如读书。我们要尽量读大作品，如历史学著作《哈佛中国史》《罗马人的故事》《枪炮、病菌与钢铁》，管理学书籍的《原则》《反脆弱》以及吉姆·柯林斯的"卓越系列"，文学作品的《百年孤独》《战争与和平》等。读书为什么要读大作品？因为大作品往往有大格局，也有足够的时空纵深，会让人得到最深刻的启示、最强烈的震撼。

2. 用大项目、大工程锻炼人才

在人力资源工作方面，我们也要让人才去经历大项目、大工程、大战役，由此来培养、锻炼人才。

华为非常重视用大项目来锻炼人才，内部有很多的项目作战场景，如云计算、人工智能等。在华为，几乎全员学习项目管理，学习后还要到实际项目上去锻炼，并在项目中承担不同的角色，比如项目销售、项目解决方案、项目交付、项目HRBP、项目财务、合同场景师……通过一个个项目场景去锻炼人才，积累能"打胜仗"的人才。

五、人才工作是慢变量

这里引用何帆老师对快变量与慢变量的定义：

快变量，指每天面临的变化和挑战，比如每天的天气变化。

慢变量，指不为人察觉但是却起着决定因素的变量，比如月亮带来的潮汐变化。

快变量是当下，慢变量是未来，两个都重要。世界归根结底是由慢变量决定的。

1. 人才工作需要付出时间和耐心

从事近二十年的人力资源管理工作，我深感，人才工作是个慢变量。这个慢，在于人才的各方面进化需要时间，包括人的知识、能力、经验等显性层面,以及意识、思维、价值观等隐性层面。这个慢,还在于特定的组织与场景下,培养出能支撑组织中长期发展的人才队伍,是需要付出长久时间的。

人才工作是一项长期工程,不是一蹴而就,马上见效的;特别是人才对企业经营、管理、文化的改变,是需要逐步来,做出很多扎扎实实的事情,才能小有所成,再继续坚持夯实、垒高,才能有中成、大成。

曾经有位老师讲过一个推动大钟的故事,寺庙里那种悬挂的大钟,假如每次只施加一点小力,它一点都不会动,但保持一定的力度和节奏持续推动,积小力为大力,积量变为质变,最后这口大钟就会被推动起来。欲速则不达。所谓十年树木,百年树人。人才的培养是长周期的。孔子经过五十多年,才培养了三千弟子。华为经过三十多年,才打造出近二十万人的"狼虎之师"。又如美的、平安等企业,何尝不是通过数十年艰苦卓绝的努力,才打造出一批过硬的干部队伍。

2. 人才培养要有战略耐心

人才的培养,要有耐心等待其"成熟"。不能拔苗助长,只能遵循人才成长的规律;特别是人才要在一个行业、一个企业中发挥价值,是需要时间去酝酿的。人才适应、谙熟特定的作战场景,需要经历一定时间的磨炼,才能摸到其中的规律。当你想批量培养能在该特定场景下作战的人才时,特别要注意这一点。当然,最好是找到一个行业的明白人领军,把队伍带出来,但这个带的过程,可不是一件容易事,需要付出时间、心力、成本,不断调整甚至试错,才能使人才队伍渐入佳境,组织能力逐渐体现出来。

很多企业家都缺乏耐心,人才刚"试完错",获得了宝贵的"作战经验",他就把人才给优化了。这就是在人才方面缺乏战略耐心的结果。打完仗、打完硬仗、打过胜仗、打过败仗的人才,都是组织宝贵的财富。因为他们沉淀了特定场景的经验和教训,只要经过复盘,就知道如何打更大的仗,如何在打完败仗之后打赢下一仗。但如果企业没有给他们机会再次在类似的场景中作战,他们的经验和教训就白白浪费了,企业付出的成本也就成了沉没成本，这是非常让人痛惜的。

3. 懂得人才发展周期

我们要懂周期——经济发展的周期、行业发展的周期、企业经营发展的周期，也要懂得人才成长发展与价值创造的周期。人才发展的周期很少有人能够识别，也很少总结出规律，但却是极其重要和珍贵的。不同类别的人才，其价值创造的周期是不一样的。

比如，毕业生的价值创造周期、有经验的初级人才的价值创造周期、有经验的中级人才或资深人才的价值创造周期、行业领军人才的价值创造周期、专家的价值创造周期、管理人才的价值创造周期、专才偏才的价值创造周期，还有行业性人才的价值创造周期（金融、房地产、互联网、制造业等主流行业，以及供应链金融、人工智能、元宇宙等新领域的人才）……这些人才的价值创造周期是怎样的，都值得我们根据人才实践情况慢慢积累经验，发现和总结规律。关于人才价值的周期管理，后面章节会进一步谈到。

4. 关注慢变量，就是关注周期

我们要从快变量视角转到慢变量视角，从着眼、着手快变量，到着眼、着手慢变量。计利当计天下利，求名应求万世名。企业家及人力资源工作者，对待人才工作不能只考虑几个月、一年半载的影响，要考虑三五年、五到十年，甚至几十年后的影响。

你把未来纳入胸中，未来才会在你手中。

六、不要陷入"解决问题"的怪圈

"我们一起来分析问题在哪里，并讨论如何解决？"这句话你是不是经常听到，也经常说。如果是，可能你已经进入了一种思维的惯性中——问题思维。

1. 只是分析问题，并不能帮我们规划未来

在公司年初讨论工作规划的时候，我发现同事们有一个倾向，就是针对组织目前存在的问题来讨论解决方案，并在此基础上制定年度工作规划方案。甚至有同事提议："我们用一天时间，把公司内所有的问题都分析一遍，再用一天来谈怎么解决，然后工作计划就做出来了。"这种方法真的有效吗？我认为有点偏了，于是就提出来：问题只是我们做工作规划的一部分，不是全部。即使你解决了所有的问题，也不一定能达到企业想要实现的目标，包括经营目标、战略目标。因为解决问题只是实现目标的必要非充分条件。

况且，问题是解决不完的，有的问题只是发展过程中的问题，是目前阶段固有的、必然出现的，现阶段不能从根本上解决，而只能通过发展来解决；当组织发展到下一个阶段的时候，这些问题可能已经不是问题，已悄然消失了。

2. 价值思维是一个崭新的视角

我提出将"价值思维"作为"问题思维"的补充。什么是价值思维？我们更应关注如下问题。

- ➢ 我们要为谁，创造何种价值？
- ➢ 过去，哪些工作是对我们有价值的？
- ➢ 未来，我们要创造哪些新的价值？
- ➢ 我们应该做什么、如何做才能更好地创造价值？
- ➢ 我们应该新增、减少、停止做哪些事，才能更好地创造价值？
- ➢ 我们应如何调动资源，更好地创造价值？
- ➢ 哪些人，能给我们创造价值？
- ➢ 如何评估、激励那些给我们带来价值创造的人？
- ……

当你用价值思维去思考的时候，就打开了一片崭新的视野。通过问题思

维，你看到的是过去，是通过后视镜去看的。通过价值思维，你获得的是望远镜，看到的是未来。

3. 价值思维是主动的，问题思维是被动的

美国畅销书作家麦克·格伯说："卓越的人与其他人的差别是，卓越的人主动创造他们的生活，而其他人是被他们的生活所创造，被动地观望生活接下来要带他们去哪。两者的差别是充实生活与仅仅生存的差别。"

我们要做的很多正确的、应该做的事情，并不在你所看到的问题范围内，也就是说，问题本身可能并不覆盖你应该做的事情，因为过去、现在的问题只是局部的，而非全局。通过分析问题来制订工作计划的办法，会让你漏掉很多未来可以获得的"金子"，这是"遗失的美好"，而你却浑然不知。问题思维与价值思维是两种不同的思维。懂得综合、搭配运用这两种思维，对于我们各项工作的开展都是很有好处的。

4. 善于运用价值思维于人力资源工作中

当我们回归价值的时候，就获得了自由，轻装上阵。价值思维还可以应用到很多方面，比如识人用人方面。在招聘的时候，我们应该更多地分析，候选人能给我们带来哪些价值，基于他能带来的价值做出人才决策。对内部的人才，也要看他能给公司带来什么价值，从而确定任用方式。

企业内整个人力资源管理逻辑都可以围绕价值思维展开。这就是华为经典的管理理论：价值创造—价值评价—价值分配。根据这个逻辑，每一个环节都可以延展出若干人力资源举措，我们的人力资源管理工作，就有了正确的出发点、落脚点，而且整个链条能形成闭环。

不仅对于企业，我们个人也是如此：我们应该如何更好地创造价值？为了创造价值，我们应该做什么，应该增强哪些能力？……只有认清我们自身的价值，知道价值创造方向，才能心无旁骛地奔向前方，真正实现人生的价值。

七、"守正"与"出奇"并用

1. 以正为本、以奇为本的两类企业家

"小胜靠智,大胜靠德。"这是华为坂田总部一个园区门口的石头上刻着的深红色的字句。什么是有德行,我认为首先是要守正,而不是出奇。以正为本,而不是以奇为本。

我见过这两种典型的企业家。

以正为本的典型:创业型企业 A 的创始人的经营理念。以下是这位企业家几年前在访谈中的内容节选。

虽然对于创业项目来说,时间才是最大的成本,但是我们坚持做正确的事,这才是公司真诚的待客之道。我们的经营之道的基础是利他,利他就是利行业、利客户、利商家、利员工、利股东。

能为客户创造高价值的企业才能做大做强,让客户和商家都长期稳定地赚钱,那么公司要赚钱一点都不难。

A 公司是一个商业组织,肯定是要追求利润的,但赚钱不能心急,要按节奏来,况且互联网的本质就是规模效益,心急了只能短期赚些小钱。我们对未来有足够的信心,所以对现在要有足够的耐心。

A 公司强调以正合,为人要正、做事要正、立心要正;同时强调赢,商业世界赢家通吃、胜者为王。"正"是为了长远地赢,要坚持做正确的事,才能走得足够远。A 公司经营之道究其根本,"正"道或许就是答案。

目前,这家企业经过多轮的融资,已经进入上市的百米冲刺阶段,登陆资本市场指日可待。

以奇为本的典型:创业型企业 B 的创始人的一些做法。

该企业处于智能家居行业,每年都会举办盛大的科技新产品发布会,每次都会推出若干新产品,在发布会上,企业创始人如乔布斯般登台亮相,介

绍本公司的产品。但你只听到这位创始人谈自己产品如何创新，如何与别人不一样。并且若干次含沙射影地贬低友商，全程没有谈及任何企业的经营管理理念。

"以奇胜"是这位创始人挂在嘴边的口头禅。这位创始人在用人方面，在行业内也有着不良的口碑。

比如，某营销高端人才去应聘这家企业的副总岗位，创始人很满意，已经进入让 HRD 和候选人谈薪阶段了，但其太太（担任这家企业的 CPO，即首席公关官岗位）觉得候选人的薪酬高了，不同意招聘。

在骑虎难下的情况下，创始人授意 HRD 去把这个事情摆平，于是 HRD 与推荐该人选的猎头公司说，她最近偶然在某餐馆里碰到该候选人的前同事，这位前同事主动提到这个候选人，并说他在原来公司的经历有虚假的成分，因此聘用的流程不会继续了。

当猎头公司把这个说法告诉候选人时，候选人感觉啼笑皆非：自己在原来公司工作，真实程度自己还不知道吗？另外，是哪位前同事，为什么这么巧在餐馆里碰到 HRD，还主动提起双方都不知道彼此认识的候选人？如果公司怀疑候选人经历不真实，为什么不请背调公司或直接打电话到公司去核实，而是直接听信一个旁人的说法？如果确实因为薪酬偏高，可以沟通，也可以明确拒绝，自己是愿意沟通的，为什么要编造其他理由？……

各种疑问，企业都不予回答。

该候选人当即对猎头说，这家企业已经列入自己的"黑名单"，如果有其他朋友征求自己意见是否去这家企业，他也会如实告知这件事情，并建议不要应聘。

候选人认为，这家企业的价值观出了问题，从创始人价值观的"根"上就出了问题，根不正，是结不出好果子的。

以上这位企业创始人走"奇"路，几乎是走到"歧路"上去了。

还有一些以"奇"制胜的企业家，在与员工座谈时大谈诚信的价值观，但在处理具体事情时，却体现的是相反的价值观，导致员工再也不相信该企业家的话，以及贴在墙上的价值观标语了。所以，以"奇"为本，可能会起到相反的作用。

2. 如何才是"守正"

企业家也好，高管也罢，其实，就事论事，客观公正最难的品质。比如，从人力资源管理的角度出发，要留住人才，我个人认为最重要的一条就是营造客观公正的环境，建立客观公正的机制。公司内或部门内应该只有一条标准，就是看你做事情的结果、你的价值贡献，只基于这一把"尺子"去量，并由此决定对人的评价与激励。这样才能服众，才能留住优秀的人才。

有全局观，永远从公司整体、全局最优的角度去考虑事情，而不是从本位、本部门出发去思考、决策与行动。其实，从一个人的言行，很容易看到这个人的"发心❶"，发心是最为重要的。

基于长期主义去思考问题，而不是短期视角、急功近利，过于追求短期结果必然会对长期的目标造成不良影响。关于企业家和高管的德，还有很多种表现。最根本的，用一个词来表达——中正之道。

持中、守正，走大道，不走旁门左道。这才是长远之道，康庄大道。

3. 与有德行的人同行

对于我们每一个人来说，特别是对于一些要进入企业担任高层管理岗位的人员，一定要考察这家企业的创始人、高管团队的德行如何。

比如，是否诚信，客观公正，有公心，有利他心，有全局观，有长期主义。很多时候，你和企业家、高管的一次沟通，从他的一言一行，从他的办公室摆设、书架上的书，都能看出他内在的思想、他的价值观、他的风格。

所有细节、所有痕迹，都藏不住一个人的价值观、一个人的品格与个性。如果你不是基于德行，而是基于短期功利目标去选择同行的人，你很可能赢了现在，输了长远。如果走错了路，你迟早还是会改弦易辙的。因为道不同，不相为谋。

---

❶ 发心，佛教词汇，指的是真心、深心、大悲心。

八、做好人才价值的周期管理

1. 价值管理：人力资源长期主义的底层逻辑

相信看过吉姆·柯林斯的《飞轮效应》的人，都会对该书留下深刻的印象。一个企业的商业模式或盈利模式，通常可以概括成一个由三到五个部件构成的"飞轮"，这个飞轮开始比较小、转动较慢，但越来越大、越转越快，就能不断给企业带来丰厚的财务回报，同时，企业的经营管理水平也在不断升级。

这有点像滚雪球，随着雪球在长长的雪坡自上往下滚动，它会积聚越来越大的势能，直至形成后来轰隆隆的不可阻挡之势。人力资源领域也存在这样一个逻辑模型，这个模型是华为运用得最为娴熟精妙的价值管理模型。

人力资源的价值管理模型，包括三个方面：价值创造—价值评价—价值分配。人力资源长期主义的底层逻辑，就是对人才的价值管理。下面具体分析这个模型的三个部分。

（1）创造价值。"做事"这件最简单的事，是企业对员工最朴素的要求，也是员工对企业最朴素的期望。简简单单做事，凭做出来的事情拿应有的回报。

但是，在一些企业，做事——这么简单的道理，似乎都变得异常困难。比如，有些企业内部的干扰、阻碍因素太多，让你无法专心做事；你要考虑很多其他非做事本身的因素，处理各种人际关系，要顾虑领导、同事怎么想，如会不会有人给你"穿小鞋"等。

以上这些做法，都是丢掉了"做事"这个最基本的出发点。所以，我们经常听到员工感慨，为什么想要"好好做事"这么难？这是因为脱离了做事的本质、做事的出发点。

那么，正确的出发点是什么？

应该是让员工创造价值，让团队创造价值，让组织与个体共同创造价值。只要你创造了价值，而且是客户需要、组织需要的价值，你的付出就有价值，这样方向就对了。

（2）价值评价。价值评价就是评价你创造的价值有多少。我认为，唯一的评判标准就是客户。你是否为客户创造了价值，客户是否获得了其需要的产品与服务；是否在满足客户需求的同时，也给公司创造了价值，比如增加了公司收入与利润。对员工价值创造的评价要客观，要回归本质——做事情本身。

具体需要思考的问题是：这个事情做的结果如何，其绝对及相对的价值如何，能够给客户与组织带来什么价值。

很多人在价值评价的环节混杂了其他东西，比如，个人的偏好（你喜欢谁、亲近谁等），员工的工作态度、能力如何（这些都是辅助参考因素）。这样很容易让价值评价变得异常复杂，如价值观好、能力好的员工，他不一定每一阶段都有很好的工作产出。比如，某员工这个季度、这个月没有绩效产出，原因是岗位工作量、工作内容变化，如果我们因为他价值观正、能力好，仍然给他很好的绩效评价结果，这是不公正、不合理的。

对于以上这种情况，应该根据这个阶段员工所做的事情及结果来衡量。价值评价应该是根据阶段内员工创造的价值情况动态变化的。

（3）价值分配。是基于价值评价给予员工物质或非物质的回报，是一种激励与反馈。价值分配是对价值创造的一种能量转换，把价值创造过程中逐渐形成的"熵增"——能量聚集，通过价值分配这个动作耗散掉，以便重新集聚能量，再创高峰。

价值分配的关键在于分配标准明确，激励及时，激励力度适当。价值分配是一门功夫，也是人才的价值管理工作中最为关键的一步。价值分配在于公正合理，但没有绝对的公平，只有合理的不公平。这是因为，不同的公司、不同的部门和岗位、不同人的情况，造成了分配的初始基线有差异。

因为有多种因素的影响，大家的起跑线不同，不可能把所有的因素一次拉平，这也是违背事物发展规律的；采用灰度策略，逐步调整，逐步减少差距，往最合理的状态不断推进。人才的价值发挥是有周期的，懂得识别、利用好这个周期，非常有利于我们做好人力资源管理工作。

2. 允许人才慢热

首先，我们需要知道，人才有快热和慢热两种类型。有的人才进入新环境后，很快就能进入工作状态，马上就会有产出，但是其持久性需要关注。烈火可能会在短时间内烧起来，但也可能会较快熄灭。有的人才却像文火炖老汤，慢慢来，最后能熬出一锅好汤，让你赞叹不已。这类人才的能量是慢慢释放出来的。

里奇·卡尔加德的《大器晚成》一书为我们揭示了一个规律：人的大脑发育成熟的时间是分先后的，有很大一部分人，他们在较晚的时间，大脑的潜能才得到充分发挥，然后人生就进入了一路"开挂"的状态，甚至能创造出奇迹。

问题在于，我们是否愿意等待。我们是否愿意给人才慢热的时间，愿意等待他们"大器晚成"。

当然，有人会说，我又不是家长，家长可以有时间、有耐心、有理由等待小孩"大器晚成"，而企业没有那么多的资源去支持大器晚成者的"爆发"。企业要在较短的时间内看到成效，看到你的价值贡献，看到你帮助组织实现发展，这样组织才能存活下去，才能有更好的未来。所以，总体来说，大部分的企业是没有充分的时间、条件去等待大器晚成者的，而更多的是考虑投入产出比，多长时间可以看到回报。对生产资料的投入是如此，对人才的投入也是如此。

不过懂得人才有快热、慢热这两种类型，至少我们懂得，对不同的人才可以进行差异化管理，特别是在人才的绩效产出节奏方面，管理可以更为灵活、有弹性。

3. 如何看待人才的高潮与低谷

我们既要识别不同人才价值发挥的周期性特点，也要识别同一个人才价值发挥的周期性特点。每个人的状态、能量周期，都是波浪式往前发展，一起一伏是常态，但只要整体方向是在前进，就是好的。人才有高潮期，价值贡献特别大；也有低潮期，价值贡献相对小一些。

管理者要避免因为人才处在阶段性的波谷、低潮期就轻易否定人才，要分析判断并和人才沟通，帮助他把状态调整过来，逐渐进入高潮期，重新取得高绩效产出，做出更大的价值贡献。

我们还需要思考，我们对人才短期绩效产出的过度关注和追求是否真的符合人性，是否真的有利于激发人才活力；还是会激化人才对公司的否定，对管理者及公司文化的否定，或者对自我的否定，甚至萌生去意。

华为对于那些专才、偏才，又或者高薪招聘的天才少年，是有足够耐心的，允许他们有足够的研究期、摸索期、试错期，甚至不设任何的绩效目标和时间要求，让他们按自己的节奏去自由探索，让"黑天鹅"从"咖啡杯"里飞出来，而且，公司也不要求这些研究成果为公司所有。长期用人，就要关注人才价值发挥的曲线，这个曲线是长期持续上升，还是短周期内断崖式下跌，又或者是大起大落、起伏不断。

关于这些规律的识别、利用，对于我们做好人才管理工作至关重要。

4. 人才价值的周期管理

你怎么看待那些在公司工作十年以上的人才，他们发挥了何种价值，他们的价值发挥规律是怎样的，是不是在每个步点上都刚好发挥了他们最大的价值。比如，在他们特别有冲劲的时候，把他们派出去开疆拓土；当他们进入职业倦怠期时，调换一个岗位，重新唤醒他们的工作激情。

如果人才价值管理得好，人才价值发挥的曲线应是持续上扬的，过程中会有一定的小波动，但较少有大起伏。我们要善于利用动态的场景去用人，换一个场景，人才的价值发挥效果是不一样的。

人才的价值，一定是在匹配的场景中发挥出来的，而不是随意搭配就能体现。当然，要达到这个效果，必须对人才有深度了解，与人才进行深度沟通，以及对人才进行一定的绩效跟踪，积累一定的数据才能分析出规律。

最终，我们是要懂得人才的价值循环管理，掌握人才价值发挥的周期规律，利用好"价值创造—价值评价—价值分配"这个循环，让人才的能量不断得到释放，在更长的时间周期里发挥出对企业最大的价值。人才价值的周期管理，是一门大学问。

九、善用人力资源的"飞轮效应"

1. 如何理解"飞轮效应"

前面曾提到"飞轮效应"，这里将做进一步介绍，并说明其在人力资源管理工作中的应用。

吉姆·柯林斯在大量统计数据的基础上完成了《从优秀到卓越》一书，书中通过一家企业如何从优秀到卓越的过程，提出一个概念——飞轮效应。后来吉姆·柯林斯在《基业长青》《从优秀到卓越》《选择卓越》《再造卓越》之后，又写了《飞轮效应》一书。吉姆·柯林斯把企业的成长，包括从无到有、从优秀到卓越的过程，比作一个飞轮，将企业经营管理活动的开展过程看作是推动飞轮旋转的过程。

所谓飞轮效应，是指为了使静止的飞轮转动起来，一开始你必须使很大的力气，一圈一圈不停地推，每转一圈都很费力，但是每一圈的努力都不会白费，飞轮每转一圈都会形成其自身的势能，飞轮会转动得越来越快。到达某一临界点后，飞轮的势能会成为其推动力的一部分，这时，你无须再费更大的力气，飞轮依旧会快速转动，而且不停地转动。

飞轮效应就像我们常说的"万事开头难"。有时候，你觉得做一件事情很难，但再坚持一下，一旦熬过了临界点，事情就会变得平稳、顺利起来，并且前面所做的努力，会成为后面的推动力，让结果越来越好。飞轮效应的本质，是一个"增强回路"的过程。"因"增强"果"，"果"又反过来增强"因"，形成回路，一圈一圈循环增强。

2. 人力资源管理的飞轮

人力资源管理也存在飞轮效应，可以通过一系列的逻辑顺序，把人力资源工作串联成一个工作循环。比如，找到顶尖人才——提供好的平台——创造顶尖的事业——提升经营业绩——招聘更好的人才。前面我们反复提到，从价值的角度看，"价值创造—价值评价—价值分配"是人才价值管理的循环，也是人力资源的飞轮效应之一。我们需要深入了解人力资源这个因素在企业环境中的投入、产出规律是怎样的。通过选择什么样的资源进入、怎样进行内部运作、产出什么，再进行怎样的投入。

我们需要结合不同行业、企业的特点，了解企业优秀人才的成长规律，他们是如何被磨炼出来，成为企业不可或缺的人才……这个人才成长的轨迹，是可以被复制的，同样的模式会培养出同样优秀的人才，包括优秀的干部。

因此，分析内部优秀人才"冒出""跑出来"的规律很重要，企业需要进行案例分析（包括成功案例与失败案例），还要有一些试点，尝试对人才培养政策、机制、流程等进行创新。

企业通过不断努力，逐渐形成人力资源优势的积聚，然后通过系列人力资源管理动作的运行，实际上，就是推动人力资源飞轮一圈圈旋转的过程。在人力资源飞轮旋转的不同时期，企业所需要付出的努力程度有所不同。在人力资源积累的早期，企业为启动人力资源飞轮所投入的努力不是很大，但会随着飞轮旋转的加快而不断加大。

当有了一定的积累后，早期的人力资源积累形成的强大"势能"，已成为推动人力资源飞轮继续旋转的内在力量，推动人力资源优势加速形成，此时，企业为推动飞轮的旋转所需要花费的努力就会相应地减少。企业的人才规划与管理，要充分理解与运用飞轮效应这一工具和方法，使其成为企业人力资源竞争优势提升的有力武器。

3. 人才的职业发展飞轮

对于人才来说，个人的职业发展也遵循"飞轮效应"。凝聚在人才个体上的职业能力不是与生俱来的，这需要一个循序渐进的积累过程，从早期接受教育培训到参加工作，从较低职位开始历练，再到担当重要管理岗位等，人才职业能力的积累始终是一个螺旋上升的过程。

每个人都应构建自己的职业发展飞轮，这个职业飞轮应该是独特的。对于每个人来说，其职业飞轮也许是独一无二的。对于个体而言，可以思考这几个问题：

➢ 我的核心能力是什么？
➢ 我对社会最大的价值是什么？
➢ 我可以批量复制、时间成本产出最大的是什么？
➢ 我以往的成功模式、失败模式是什么？
➢ 从成功的模式中，我能够总结出自己的职业发展飞轮吗？
➢ 我的职业发展飞轮应该包括哪几个部件？

……

通过这些问题，你可以提炼出自己的职业发展飞轮。比如我的职业发展飞轮：到大企业平台从事 HR 工作——成功或失败的实践——总结与创作，发表文章与著作——经验与专业能力提升——到更好的平台从事 HR 工作。

值得注意的是，当你开始启动飞轮时，需要付出较大的努力，甚至是高度的自律，但飞轮一旦高速旋转起来，你对飞轮旋转所需付出的作用力会越来越小，最后就变得很轻松，但是你不能停止投入。

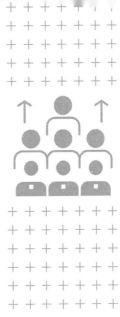

第五章

HR 长期主义者：方法篇

HR 长期主义者在组织中是如何成事的呢？

一、先人后事，因人成事

HR 长期主义者成事的艺术，是在没有成功的条件时创造条件。这一信念具有惊人的力量。在组织内，要想从根本上解决一个问题，就需要改变让一切保持现状的条件，从而结构性地、一劳永逸地解决问题。

HR 长期主义者会把长期、根本性地解决问题放在工作首位。所有的改变都应该从人开始。先人后事，因人成事——这是他们的成事第一秘诀。HR 长期主义者要成事，必须拥有足够的智慧，并且在组织中有足够的资源。这样他们才能联合其他人一起合作解决问题。HR 长期主义者致力于在整个组织中建立并维持一个团队协作体系。因为 HR 长期主义者往往会推动工作的变革，只有变革才能让组织摆脱以往发展的轨迹，获得更长远的未来。

变革所需的条件中，非常关键的一条是，要有一个紧密团结、独立的个人组成的团体。变革的成果主要取决于这个团体的集体行动。这个团体中，CEO（就是企业的一把手，可能在不同组织中，这个角色是由不同职位的人承担的）是必不可少的角色。

二、遵循底层逻辑

HR 长期主义者是善于发现底层逻辑的人。因为很少人能看到事物运行的底层逻辑，所以他会尽可能与人分析他的发现，并分享他的观点。在这个过程中，HR 长期主义者会吸收别人的观点和意见，并对自己的看法进行必要修正，在自己与他人意见之间，他愿意考虑融合了彼此意见的"第三选择"。

但是，也许别人不能全部接受他的观点，或者只有部分人能接受，他还是会坚信自己的感觉和判断，并将此作为做事的指引，但他不会鲁莽行事，而是摸着石头过河，边验证，边前进。因为他们能感受到来自未来的危机。这些危机像灰犀牛一样慢慢逼近，大多数人浑然不觉，而 HR 长期主义者能感受到危机缓缓而来的气息。

例如，当公司管理层要解雇一个外部招聘进来半年的部门负责人的时候，HR 长期主义者可以通过平时对该部门人员结构、团队氛围的了解，判断该团队是否会在短时间内出现较大的人才动荡，哪些人会留下，哪些人会主动离职。甚至，HR 长期主义者还会"嗅到"这个部门负责人的被动离开，在心理、文化上对其他几位新入职管理者的心理影响，他们会不会也担心自身的稳定性，甚至开始在心里打起"小算盘"，计算自己还能待多长时间，需不需要提前做好下一站职业规划的准备。

HR 长期主义者可能还会感知到，如果公司对这个部门负责人的处理不公正的话，会不会对公司文化价值观产生负面影响，导致其他管理者及员工对公司的文化价值观提出疑问，而这是会有长远影响的。

三、有策略、有步骤地推进

HR 长期主义者总是有坚定的决心和长远的计划。他们会找出问题的根源，弄清楚它是如何影响组织战略与业务发展的，然后想方设法找出解决方案。他们会找到方法，把一个成功率较高的方案，从无人接受的"书呆子式"方案变成被大多数人认可的方案。例如，邀请受这些问题困扰最多的人表达对他们的看法，同时利用关键性事件引起业务领导及员工对问题的广泛关注。

他们会把调研收集的资料和信息发给各部门主管，鼓励他们发表意见，充分讨论。通过这种开放的讨论，HR 长期主义者可能会意外获得一个利益同盟。HR 长期主义者会根据情况引入咨询公司、外部供应商一起合作，因为他们能够从第三方视角提出更好的建议，并和 HR 长期主义者形成合力，推动问题的解决与方案的落地。

四、重视项目管理

HR 长期主义者还有一个明显的特征，就是善于运用项目的方式把事情办成。

1. HR 项目的方式

HR 长期主义者为什么运用项目的方式推动事情呢？因为项目有一些明显的优势特征，比如：

易辨识性：通常会取一个响亮的项目名称，让人印象深刻。

闭环性：项目有起始，也有结束，有成果目标要求。

资源集中性：通常以项目组的方式，把跨部门人员纳入项目组。

独立性（封装性）：在一定周期内，项目是相对独立运作的，它有一层"保护膜"，有一定的抗干扰性，可以在相对稳定的环境与时间里，专注输出项目成果。

管理规范性：项目有特定的管理流程，这种有序性确保项目进展与成果。

宣传效应：以项目的方式容易沉淀成果，并把项目经验成果复制、推广到类似场景中。

项目往往是 HR 发起与推动新政策、机制制定的有效方法。把项目做成"爆款"，并给组织沉淀下来经验，形成管理机制长期运作下去，是 HR 长期主义者的目标。

2. HR 项目的类别

HR 项目一般有如下类别。

（1）HR 团队自身组织的项目。HR 主导且主要利用自身团队资源去完成，需要业务部门一定的参与及配合。比如：薪酬体系优化项目、职位职级体系建设项目等。

（2）HR 与业务部门充分协同的项目。HR 提供方法论，HR 或业务部门均可作为牵头部门，结合各业务部门实际情况，充分调动业务部门的人员与信息。比如：业务部门能力重构项目、人效提升项目、人才梯队建设项目等。

（3）公司级的 HR 领域项目。一般借助咨询公司，由公司领导挂帅开展的跨部门大型项目。比如：组织架构变革项目、HR 三支柱体系建设项目等。

3. HR 项目运作的关键环节

HR 用项目的方式运作，要做好如下关键环节或动作。

项目规划/策划：项目目标与范围、项目里程碑、参与人员、时间计划、预期成果、项目激励等。

项目动员：项目利益相关者的沟通、发动，在组织内提前吹风、造势，邀请相关人员参加。

项目启动会：正式启动项目，明确项目组的架构及人员职责分工，进行项目宣传。

项目过程管理：通过例会、简报、进展汇报等方式，管理项目进展，确保按照计划推进项目。

项目团队管理：项目团队的组建、职责分工、氛围建设、绩效评价、项目奖评议与分配等。

项目总结与评估：评价项目成果，项目复盘、项目表彰等。

项目成果管理与推广：如何沉淀、应用项目知识成果，以及后续复制、推广计划。

4. HR 项目运作的特别提醒

（1）高层领导支持与参与，是项目成功最为重要的因素之一。部分项目的失败可能是因为得不到高层的支持，或者高层没有参与。HR 要提前和高层领导充分沟通,赢得其有力支持,并尽量使高层领导加入其中。项目过程中也要向高层领导及时汇报进展,有问题及时求助,以获得其一如既往的支持。

(2)在不同的项目类别中,HR要把握好自身角色,发挥应有的作用。在项目中,针对项目角色发挥作用是很重要的,HR的角色作用发挥要适当,不要把角色做小了,也不要喧宾夺主。

(3)要提前就项目组沟通流程达成共识,并遵循相关流程去做。项目中的汇报关系、工作流程与实体组织是有差异的,可能会存在一定的矛盾,甚至冲突。HR要对这方面保持敏感,无论是HR部门,还是业务部门,都需要关注并提醒项目组成员把项目进展、问题、资源需求等及时与原部门负责人进行同步,并获得其理解和支持。

(4)项目组的凝聚力与士气管理是很重要的。一气可鼓,不可泄。要不断把项目阶段性进展在公司合适的范围内进行宣传,并对过程中做出贡献的人员进行及时激励或表彰。

另外,还可以定期举办项目团建活动,增进项目组人员的归属感、认同感。

五、重视基础运营

1. HR基础运营关乎组织长治久安

HR长期主义者关注HR工作的长期影响,所以会很注重HR工作根基的牢固、长久,注重把HR基础运营工作做扎实。这就如同把堤坝修牢,水才能安全地流淌不息,造福人类。如果堤坝修筑不牢,开始时可能有丝缝流水,然后缺口逐步扩大,最终堤坝崩溃,形成洪流。所以,把HR工作基础打牢,关系到公司的安全运营、长治久安。

HR基础工作的运行质量,是组织能力的保障。它确保了业务队伍在往前冲的时候,有相应的"后盾"与"屏障",没有后顾之忧,不至于当业务受到市场冲击时，队伍因无路可退而溃败。如果没有基础工作的坚实支撑，当组织规模越来越大，越来越多不同背景、不同价值观的人员加入组织的时候，公司会进入无序、矛盾丛生的状态。尤其是外部管理人才的加入，会形成管理人员的多样性，大家的管理理念、管理语言、管理方法的差异，会给组织带来很大的挑战。如果不加以统一并达成共识，各种管理理念、方法与文化的冲突，会给组织造成极大的危机。

很多创业型企业，由于较长时间没有进入有序的基础管理状态，当组织进入数百人甚至上千人的时候，还没有形成完善的HR管理体系；丧失了管理体系建设、组织能力夯实的窗口期，导致组织管理失控，最后造成企业无法进行成功的业务交付，濒临崩溃的局面。

2. 何为HR基础运营工作

什么是HR基础运营工作？其实就是HR的常规工作，它涵盖了人力资源的选、用、育、留等方面，以下列举部分内容。

组织管理与职位管理：组织架构设置及调整、人力资源预算与编制管理、职位职级体系等。

人员招聘及异动管理：素质模型、招聘标准、面试及录用决策流程、入职前关系维护与入职报到流程、调动流程、异动流程等。

绩效管理：绩效管理理念、绩效体系及流程（绩效目标设定、绩效辅导、绩效考核、绩效沟通反馈及应用等）、管理者能力提升等。

学习与发展：公司培训体系（包括讲师队伍与课程体系建设，内容上包括新员工培训、专业培训、管理者培训、文化培训及其他专项培训）、人才培养体系（专业人才/专家、管理者、领导者等）。

人才激励：职级薪酬框架、薪酬竞争力调研分析、员工薪酬调整、福利体系及管理、非物质激励（如荣誉激励）等。

员工关系：员工手册、员工关怀活动、员工关系事件处理流程、员工关系组织建设（工会、党组织等）。

企业文化：企业的使命、愿景、核心价值观及行为体系等。

其他人事基础工作：考勤管理、档案管理等。

以上 HR 模块工作都应建立规范化的管理体系、流程、工具与方法，有条件的企业还应建立相关的 HR 管理系统，确保 HR 基础工作运营的效率、质量及员工体验。

3. HR 基础运营工作应逐步降低比例

HR 基础运营工作是组织运行的基础，对于一家创业型企业，如果人数超过 100 人，就应该建设起相关的 HR 体系，以确保组织的有序运作。在开始时，这些 HR 基础工作可能占了公司 HR 管理工作的 90% 以上，只有少量是一些创新性、增值性的工作；随着企业的发展与 HR 工作运作的成熟度，这些 HR 基础工作的比例应逐渐降低到 70%、60%、50%……

组织应根据人力资源实践情况，包括一些踩过的"坑"、经历的教训等，不断去打好管理的"补丁"。比如，针对公司发生过的员工关系事件，打上合规管理的"补丁"。HR 基础工作应朝着如下方向发展：运营质量与效率越来越高，操作性工作越来越迁移到基层岗位，越来越多地运用 HR 系统来操作与管理。

六、平台化与产品化

1. 把 HR 从"灭火"工作中解脱出来

HR 工作纷繁复杂，我们看到很多企业的 HR 都在不断"灭火"，以及不断去应付业务主管与员工提出的需求，所以 HR 的工作被认为很繁杂，很耗时间与精力，却难以见到成效，价值性不高。这也导致了 HR 没有充足的时间去思考如何更好地帮助业务解决他们的痛点问题，满足业务的深层次需求，给他们带去更多的价值。

那么，HR应该怎样走出这种不断解决"小问题"的困境？特别是在宏观经济环境及企业微观环境不佳，HR团队可增加的资源不多的情况下，这就不得不考虑HR管理工作的一个很重要的发展方向——平台化、产品化。什么叫平台化、产品化？就是逐渐把HR管理工作变成一个共用的平台，这个平台上有一些共性的工作，是有一定的操作规程、交付标准的，可以让专人集中、批量处理，大幅提高效率，而且可以不断提高交付的质量与体验。

很多HR会说，那不是HR共享服务中心吗？是的，就是HR共享服务。但HR共享服务不一定要真正成立一个实体的"中心"，或者是与CEO、HRBP分开运作的独立操作团队。因为不是所有的企业都有这个条件实施"HR三支柱❶"实体组织。对众多中小型企业来说，虽然不能有"HR三支柱"实体组织，但可以把"HR三支柱"灰度化操作，实现"HR三支柱"的职能。

2. 把HR共享服务沉淀为产品

无论什么企业，HR共享服务的职能都需要不断强化，沉淀出更多可以标准化操作的产品。这些产品一旦成形，便可批量化复制、交付，甚至可以"傻瓜式"操作。但目前很多企业，把这些可标准化、产品化操作的人力资源事宜，变成了"项目式"操作，就是每一件事情都作为个案处理，甚至每一件事情还要内部沟通协调、请示汇报等，其效率、成本可想而知。

最好的方式就是把HR平台变成一个"安卓系统"，上面有一个个APP，用户可以自由选取和使用。这些APP相当于一个个标准服务，有的是不收费的，有的是收费的。根据各个部门的情况，自行选用，并支付相应的成本。HR可以把更多的时间、精力花在非标准化、非产品化的工作上，花在真正值得成为项目的工作上。

这些工作是可以给业务部门带来特殊价值的、个性化的解决方案及服

---

❶ HR三支柱，即HR三支柱模型，是代维·尤里奇在1997年提出的，包括COE（专家中心）、HRBP（人力资源业务伙伴）和SSC（共用服务中心）这三部分。

务——这就是 COE+HRBP 的工作了。

3. 灵活组合"HR 三支柱"的职能

在企业中，HR SSC、HR COE、HRBP 的工作职能不是完全分割的，在团队中也不是完全独立的，可以根据企业实际情况进行灵活组合。三者之间可以两两组合，形成三种组合方式：SSC+COE、SSC+BP、COE+BP。组合的具体表现是，同一个团队负责两种职能，这样既充分利用了人力，也实现了对 HR 不同职能的要求。

不断夯实 HR 平台是一件长期的事情，需要不断沉淀出标准化的产品，提供更高效率、更高质量、更好体验的服务，从而更好地满足内外部客户的需求。HR 长期主义者要形成不断把 HR 工作平台化、产品化的思维习惯与工作策略，这样才能不断提升 HR 团队交付的成果、价值，才能为企业构筑起"大坝"工程，使人力资源管理成为企业的竞争优势。

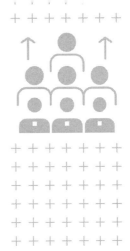

第六章

HR 长期主义者：业务篇

如果说 HRD 会经常"跳入"业务中，那么 HR 长期主义者则更多的是从业务中"跳出来"，帮助业务管理者更好地做好自身在市场商业环境、公司全局业务中的定位。

另外，HR 长期主义者天生就是要影响、提升业务管理者的，他的能量要向业务管理者传递。

一、业务管理者的底层思维

在和业务管理者沟通的过程中，我发现业务管理者的经营、管理决策，其实是由其底层思维决定的。高层管理团队（特别是创始人团队）的结构决定了公司的战略方向，而高层管理团队的底层思维决定了整个公司的整体思维。业务管理者的底层思维，决定了他们对人、对事的判断与决策，这极为重要！

1. 收敛式思维 vs 扩张式思维

业务管理者，一般有两种思维：一种是收敛式思维，一种是扩张式思维。

收敛式思维关注投入产出的精准性，往往先看到产出再确定投入，确保不出问题，稳定为要，注重把蛋糕切好，保证公平。扩张式思维更关注投入的方向与时机，先播下种子，然后交给时间，允许一部分种子不生根发芽，要的是概率；他注重把蛋糕做大，蛋糕大了，大家都分得多，这里面的公平性、准确性不是他最关注的。收敛式思维偏重管理，扩张式思维偏重经营。前者较多做减法，可能会让团队的能量逐渐降低，而后者是做加法，更多的是使团队的能量不断提升。

2. 自洽 vs 他恰 vs 续洽

李善友老师在《第一性原理》中提到一个概念——逻辑三洽，分别是自洽、他洽、续洽。

（1）逻辑自洽。有两层含义，一是这个信念的逻辑体系环节可以自圆其说，二是这个信念的逻辑与相关事实之间可以相互证明。

（2）逻辑他洽。是信念所处的逻辑系统，要与周边相关的逻辑系统以及更深层次的逻辑系统保持一致。

（3）逻辑续洽。是指原有被证明暂时正确的信念，在时代和场景发生变化之后，依然可以保持逻辑正确。

业务管理者的思维层次可以用这三种思维加以区分。最差的业务管理者是自己的逻辑都不能自洽，更谈不上他洽和续洽了。良好的管理者能够做到自洽，但在他洽方面差一些。这样的管理者在一定程度上可以把事情判断对，但放到系统性的环境中可能会出错。

在自洽的基础上做到他洽，那已经是一个优秀的管理者了。如果管理者能把自己的业务逻辑说通，还能融入整个市场、商业大环境中，来看自身的业务逻辑是否符合市场底层逻辑、商业底层逻辑，如果你的业务"小循环"放到市场、商业的"大循环"中，也能说得通、跑得通，那它基本上是成功率很高的。

卓越的管理者还能做到续洽，就是他看到更底层的、穿越时间周期的东西，这些东西不因时间而改变。这时候，他往往站在经济发展规律、人性底层规律的源头来看这件事情，所以更有时间穿透性。这样的管理者可以成为长期主义者。

管理者的层级跃迁，其实最关键的是这三个层次思维的跃迁。

3. 适配 vs 不适配

在看管理者的底层思维时，分析他有没有把自己的角色放在"当位"之处非常重要。即使是好的东西、对的东西，放在不合适的时间、空间，也不会有好的效果，甚至会导致负面的、消极的效果。所以，在我们评审新的市场机会、在新的销售项目立项时，往往会追问："在这种场景中，我们的角色是什么，发挥的作用与价值是什么？"其实，这就是在不断审视公司在商业活动中所在的位置是不是适配的。

对待合作方也一样，有时候，你本应该把对方放在第一层逻辑（圈层）去考虑的，却放在了第二层逻辑（圈层），这就是不适配，可能导致双方合作不成，一拍两散；适配，则一拍即合。

在用人上也一样，你有没有把合适的人放到合适的位置上，放对了，事情就会往好的方面发展；放错了，就等着吃苦果，收拾"烂摊子"吧。

4. 确定性管理 vs 不确定性管理

对于不确定性业务要用适合不确定性业务的管理方式。对不确定性业务，要给予一定的弹性、灵活度，要给对方有灰度的空间，不然就没有创造性，没有让你惊喜的东西出现，正所谓"水至清则无鱼"。对不确定性业务，要给予一定的权限与自由度。自由度代表了信任，会带来自我成就感，从而产生正向反馈，使能量可释放，并不断得到提升。

对不确定性业务，要敢于投入，要持续投入，这样才有开花结果的可能。而且，这种开花结果很可能不是线性的，而是非线性的；你更容易收获惊喜，而非预期内的结果，它不是靠线性思维计算得来的。对确定性业务，会有历史基线的参考，这时候更多的是讲究效率、精确性。所以，对不确定性业务，需要不断优化流程，关注"人效""费效"的提升。

5. 先事后人 vs 先人后事

有的管理者把事的逻辑掰得很清楚，但效果却不好，业务没起来，人也跑了。事的逻辑对了，不代表人的逻辑是对的。而人的逻辑对了，事的逻辑则很容易对。

——事情就是这么神奇。先人后事，是管理者应该具备的思维，特别是对于市场、销售、客服等岗位，更多是对人的工作，要先看人的逻辑对不对，再看事的逻辑，有时候你根本不用看事的逻辑，因为人对了，事自然会对或大概率会对。

管理者应该用更多的时间来关注、认可与支持员工。这是不用花钱，但产出最大的事情，很多管理者却对此毫无意识，这是他的管理盲区。看准对的人，要大胆给予支持与投入。最怕的不是看不准人，受伤了，失望了，而是"遇人不淑"之后，碰上对的人，却不敢付出和投入，导致一次次错失真正的机会。

机会才是最稀缺的，而不是资源。机会是有时间窗的，而资源却不一定有。

二、市场资源投入的非对称性

HR 部门在工作中经常会遇到的问题是：如何对公司各部门的资源投入进行分析建议。

1. "捉襟见肘"的市场部门

某公司是属于对公（to B）的 SaaS 行业，该公司对市场的投入远远落后于友商，市场拓展一直不理想。

近两年，该公司都在存量客户资源中"打圈圈"，失去了宝贵的"跑马圈地"机会；眼看该行业的"机会窗"在未来一两年内会越来越小，而政策的变化更是加速了机会窗的关闭。该公司对市场的投入严重不足，与公司提到"重视"市场的说法很不匹配。这方面，从公司年度对市场的人员、费用投入金额可以看出来。而公司对市场团队的管理要求也很高，控编制、控成本、控费用，要算投入产出比。可以说，市场部门是最为"捉襟见肘"的部门，别的中后台部门加人的时候，只要和分管领导沟通好基本就可以，但市场部门却颇费周折，需要得到更高层级的审批，需要反复思量，多方沟通。

对于 to B 的 SaaS 行业来说，机会窗的开启往往就两三年的时间，错过了这个时间窗，创业型的企业没有占领到应有的市场，就会非常被动，就算花再大的成本也很难掰回来。

2. 市场是非对称性竞争

什么是非对称竞争？"非对称"这个术语来自军事领域，就是高维打低维、多维打单维，形成压倒性的优势。非对称竞争的底层逻辑是一种认知差异,有些人努力在高维世界里获取优势,但大部分人还陷在传统的、低维的模式中。因为认知模式上的差异,后者的"低维优势"压根就发挥不出来;而前者的优势却发挥得淋漓尽致。

我们看到,成功企业在市场上的投入,往往是采用"饱和攻击"的方式,不计弹药量,就是为了获得非对称性竞争优势。市场的投入要用战略投入的视角,而不能用投入回报的视角。因为市场拓展的成果,是不能通过计算的方式得来的,它是由多种复杂因素决定的,不能用传统思维来"测算"。

华为为什么对无人区、新领域敢于投入,因为我们不知道哪一朵云会下雨,但没有云,就肯定不会下雨!

3. 市场是非确定性业务,要用非线性思维

很多时候,因为我们对具有确定性的事情比较了解,看得清楚,所以愿意投入;而对不确定的事情,因为看不清楚,所以不愿意投入,反复思量计算,一定要套到某个投入产出模型中。而市场、新技术领域,都属于第二类不确定性较大的事情。这其实是一个误区。

真正应该精打细算的是确定性的业务,而不是不确定性的业务。我们应该给予不确定性业务更大的空间和弹性,要更有想象力、更有勇气去投入。市场的投入要采用外部视角,而不能采用内部视角。

外部视角就是看市场有哪些打法有效、你的友商怎么干,反观你自己应该怎么干(不一定是模仿,也可以是错位、差异化竞争)。内部视角就是看内部非市场部门怎么干,然后指导市场部门。这是一种战略决心与意志的较量,是一种认知模式的较量。持续做厚客户界面是企业成功的不二选择。如果你看一家企业的客户界面很薄,或者越来越薄,或者其增加的厚度远远低于中后台部门,那这家企业是难以成功的。

HR要牵引公司资源投入的方向,要通过市场数据、友商数据的对比,来呈现这种资源投入的差异,使企业的资源投入更为合理,更能赢得市场竞争与企业发展空间。最重要的是要牵引高层从非线性的认知模式去看待市场投

入，市场是非线性的，它的底层逻辑是不一样的。

三、创业型企业的研发部门应如何定位

研发部门应该如何定位，如何确定研发资源的投入，如何评价研发的成果与价值……这些都是创业型科技企业在思考的问题。

1. 服务于经营与战略

在某创业型科技企业的管理层会议上，大家积极讨论研发部门的定位。有人提到，研发应成为增量市场开拓的利器，能给企业增加营收，而对于存量市场，可以支撑公司业务高效运作，降低成本。也有人提到，研发可以帮助公司构筑核心竞争力，比如市场份额、专利软著、创新文化等。还有人提出，对于未来准备上市的创业型企业，研发的投入与能力还影响着公司在资本市场的估值，起到提高公司市场估值的作用。

以上这些观点都是很中肯且正确的。

我认为，研发是要支撑公司经营目标达成与战略落地的。经营达成方面，是要帮助市场、销售部门去拓展客户与业务，要帮公司"挣钱"；战略落地方面，研发起着构筑公司中长期发展核心竞争力的作用。科技型企业的业务发展、战略落地，研发是至关重要的一根柱子。

经营目标的实现，影响短期企业能否活下去，是势在必行的。但对于战略的规划与落地，有两个关键的因素。

一是战略的假设，包括政策走向、行业发展趋势、客户需求状况、市场产品方向等的假设，这些假设决定了你的战略方向、资源投入方向。假设决定成败。假设对了，相当于赌对了未来，所有的投入都是值得的，所有人都欢欣鼓舞。但假设错了，所有的投入都会变成沉没成本，不仅浪费了时间，还可能被竞争对手赶超或甩在后面。

二是资源充足情况，研发部门有的工作是短期、重要而紧急的，比如已

有项目的交付、新项目对研发的需求等。但研发部门有一些工作是具有前瞻性的，比如是否预研新产品、新产品是自有化还是外包等，这些并非那么紧急，却影响长远。不是每一家创业型企业都有足够的资源投入到第二部分的工作中，毕竟活下去才是王道。

所以，一切取决于你对假设的信心，以及你的资源情况。但对于每一部分，你所分配的关注与努力，在不同的情况下是有不同比例的。

2. 如何看待基础研究

对于有条件的科技型企业来说，应该重视技术的基础研究工作，创造有利于基础研究的良好科研生态，积累有利于公司中长期发展的科研成果。基础科研工作有不同的种类，如战略导向型、应用支撑型、前瞻引领型、业务改善型。

企业对于不同类型的科研工作，可根据对其价值的分析判断，做出不同资源投入的安排。对科研工作的绩效考核机制，应有别于一般工作，因为科研工作的成果不是在很短的时间就体现出来的，可能要坐很久的"冷板凳"。企业可以对科研工作的探索实行中长周期评价机制，不要像其他工作那样，几个月、半年、一年就评价成果，而要把时间战线拉得更长：两年、三年、五年等。短周期内，科研项目的进展可以回顾，但成果、价值却要留待更长的时间。

四、业务管理者如何避开沟通中的"坑"

在工作中，经常看到同事们存在沟通冲突。要使沟通真正起到效果，我们要提前识别出一些沟通中的"坑"，并尽量避开，这样才能不被其所伤，从而通过沟通把事情解决，达到良好的沟通效果。

1. 沟通问题的发生

通常，沟通的冲突很少产生在点对点的场合，而是产生在群体场景中，比如会议、聊天群、群发邮件。为什么会发生在这些场景中？因为群体这个背景，给沟通注入了其他的含义，比如个人的面子、部门的声誉、不同部门的竞争与比较、心理压力、舆论……

于是，本来当事人只是沟通事情，却变成了超出事情本身，去关注其他因素了。因为这时候当事人的关注点、心态，由于群体背景的放大与扭曲，发生了变化，沟通变成了一种双方"对垒"的局面，甚至使沟通冲突不断升级。

2. 避免爆发冲突的三条规定

我们首先来看沟通中避免爆发冲突的三条规定。

（1）鼓励当事人点对点沟通，小范围沟通。在沟通时，很多人都不习惯和当事人直接沟通，而是借助第三方进行"传话"。其实在大多数情况下，"传话"的效果是不好的：一是信息传递会有偏差、遗漏，甚至加入传递者本身理解的信息，以及其立场、意图、态度与情感；二是缺乏当事人之间的即时互动，包括信息的双向反馈与情感的交流，这样就不能通过互动快速了解对方的真实想法，并达成共识；三是使双方的心理距离更远了，因为通过第三方传递信息，对当事人双方来说都显得有点"见外"了。

（2）聚焦解决问题，就事论事，实事求是。沟通时，切记不要把问题扩大化。就是你沟通这个事情就这个事情，不要扩大到其他问题上，或者翻历史旧账。更多的时候，有的人忍不住，就加入情绪，变成对当事人的评论与指责了。这样的沟通肯定会升级，因为对方不会完全接受，并会进行一定的回应与反击。所以，如果没有发生特别大的情况转变，就坚守你圈定的事情范围，不要被对方带着走。就事论事，解决问题，实事求是是最好的沟通方式，也是解决问题的利器！

（3）公开场合多表扬，少批评，提意见可在私下场合。这条原则相信每个人不知听了多少遍，但往往最简单的道理却是最容易犯的。很多人都习惯了平时私下场合不说，就挑着在公开场合说，比如在人数很多的微信群里、在会议上、在群发的邮件中。有的问题，其实只要给对方单独发个信息或打个电话，就可以解决的，却舍近求远、舍易求难，放到大庭广众去说。

这可能是出于强调自身意见、促使对方重视与改变的心理，在大多数情况下，这种效果都是不好的。因为你在大家面前把对方的"伤口"无情地"撕开"了，他们感受到的是羞辱。随之而来的，就是抗拒、反击，双方"互撕"。而最终想解决问题的出发点早就被抛在脑后了。

所以，恰当的沟通方式很重要！

3. 什么时候当众批评他人是有效的

下面探讨一下，什么时候当众批评他人是有效的？我认为有三个前提：

（1）小范围的沟通。参与人员范围越小越好，比如两三个人、三五个人的场合，这样无论沟通的"烈度"如何，其影响面是有限的。但如果是十几个人，甚至几十个人、几百个人的场合，你去批评他人，你就是拿一桶油向火焰泼！

（2）相向而行。如果参加会议的人员都比较熟悉，相互知根知底，已经建立了信任的基础，这时候沟通效果是比较好的。

那么，即使是批评，也能够使沟通良性地进行下去，因为大家是在基于理解和信任的基础上去沟通的，知道对方的出发点是什么、目的是什么，也知道对方本质上是为自己好。但是，如果双方不是双向而行，而是相对而行的心理，那会是相反的效果。这时候，被批评者会觉得对方不是针对事，是针对人、针对自己，是为了在众人面前让自己出丑，贬低自己、攻击自己，而其从中受益……

所以，你对一件事情的解释，是建立在你对这件事情的"定性"上面的。良好沟通的重要基础是双方有充分的信任，有了信任做基础，相当于有了好的土壤，那么就容易在上面长出各种东西。相反，没有良好的土壤，或者土壤很薄，下面是硬邦邦水泥地，无论在上面种什么，都很难种成。

（3）达成一致规则，开展批评与自我批评。要批评可以，但最好先谈好规则，这样双方是在规则划定的圈圈里进行讨论的。如果真的要开展针对人的批评工作，建议先明确：这是为了让大家彼此都改进自身，所以开展批评与自我批评。双方是平等的。另外，大家只是在这个屋子里讨论，出了屋子都不要计较和记恨。这样的批评才是有效的。如果开始不明确规则，有一方突然发难，对另一方是不公平的，他除了防御外，必然也会反击。这就要求沟通的各方都要有平等之心，要有同理心，能站在对方的角度去理解、去考虑问题，这样才会有好的沟通效果，达到预期结果。

我认为，职场中，沟通无小事，大多数事情的成与败，关键都在于沟通。

五、如何有效影响业务管理者

HR 有些工作是相对比较容易做的，特别是在 HR 专业范围内的事情，比如 HR 的体系建设、HR 主导的项目（校园招聘、人才盘点、培训赋能等）。但随着 HR 基础性、机制性工作的完成，HR 工作蹚过浅水区之后，就会进入一个深水区。

1. 深水区问题的影响与特征

深水区的问题涉及公司能否在经营、管理上获得突破，意义重大。而深水区问题的解决涉及系统性、综合性、深层次的因素。比如，公司治理结构的优化、组织的变革、创始团队的能力瓶颈、从上到下的管理思想转变、文化的转型……有的工作是需要"刮骨疗伤"的，甚至从"根"上去改变。举一个很简单的例子，公司某个团队产出低效、士气低迷、人员不断流失，而根源是分管领导的管理能力出了问题。

这位领导是公司创始团队核心成员，级别在 CHO 之上，其角色属于出资方、创始股东，但他却在行使管理者的职能。这时候，你怎么办，该如何改变现状？这对 HR 工作是一个很大的考验，你需要推动该领导改变工作方式、风格，甚至改变公司治理结构（创始股东的定位问题）。

HR 深水区的工作就有类似特点，解决一个问题所需要的能量是普通 HR

角色难以承载的，而它引起的系列问题（人才流失、氛围不佳等）却是 HR 必须面对的。

2. 如何提出综合性解决方案

对于以上这种情况，需要综合性的解决方案，需要结合不同场景灵活运用。

（1）在合适的时机，向公司董事长、总经理反映自己发现的问题，坦诚沟通，讨论如何帮助该分管领导解决问题。比如，在创始股东会议上讨论公司的治理机制，调整创始股东的定位，结构性地改变创始股东参与具体管理工作的现状；或者借助董事长或总经理的力量，请他们在适当的场合与该领导沟通，指出其需要提升的方向。

以上方式，解决方案本身是需要 HR 参与的，但实施者是更高层级的领导。这里面非常讲究沟通的方法与技巧，一方面 HR 要体现出完全的公心，从公司全局出发；另一方面，要能提供专业、切实可行的方案，供领导参考。

（2）在该分管领导开始关注员工流失问题，并主动找 HR 沟通时，进行有效引导。HR 与该分管领导沟通，除了分析确实存在的公司机制与文化问题，以及下一层级管理者的团队管理能力等问题，也应附带提出对该分管领导的管理方式与风格的建议。

这时候管理的辅导动作是作为一个附加的"点心"送出去的，往往比较容易被接受。

（3）做好离职访谈，收集离职员工的意见，并尽量客观、真实地反馈给该分管领导，触发该领导对自身管理风格的思考。

（4）有意无意地分享一些文章、赠送几本关于管理方面的书籍给该领导，或者在管理团队微信群中分享管理提升的文章，潜移默化地进行影响。

（5）在管理团队中组织培训会或学习会，结合一些具体的管理案例，请分管领导参加讨论并发言。在学习案例、总结分享的过程中，使得该领导发现自身存在的问题,从而主动自发地做出调整。

以上只是一些可参考的举措,具体需要结合不同的场景灵活运用,还可以有更多创新的做法。

在这个解决方案中,有些举措是需要通过"升维"的方式去解决的,当你从更高的维度去观察及思考时,问题就变得相对简单了。有的工作还需要HR通过"助推"的方式去解决改变事物运行的方向。从中我们可以看到,当HR工作进入深水区后,问题难度、复杂度在增加,解决问题的方法也变得更综合、更灰度,对HR能力是一个很大的考验。

这时候,特别需要HR的系统思考、灰度思考能力,处理问题的方式、方法也更具艺术性、场景性、创造性,需要HR把握最佳的时机,调动周边最有效的资源,才能从根源上真正解决问题,推动组织与人、文化的改变。

六、管理者的本手、妙手、俗手

2022年全国新高考一卷作文题中提到"本手、妙手、俗手"这三个围棋术语。"本手是指合乎棋理的正规下法;妙手是指出人意料的精妙下法;俗手是指貌似合理,而从全局看通常会受损的下法。对于初学者而言,应该从本手开始,本手的功夫扎实了,棋力才会提高。一些初学者热衷于追求妙手,而忽视更为常用的本手。本手是基础,妙手是创造。一般来说,对本手理解深刻,才可能出现妙手;否则,难免下出俗手,水平也不易提升。"

这个作文题目让我觉得挺新颖的,出得比较妙,对我做人力资源管理工作也很有启发。

1.新任管理者下手步骤要正确

作为刚上任的管理者,在做事方面很容易走入误区——先追求"妙手",结果出的是"俗手"。一个管理者刚上任就要烧"三把火",仿佛产生"亮点"才是"政绩",不"亮"不足以刷出"存在感"。但我认为新任管理者先要把业务的"基本盘"稳住，先确保基础的工作不出问题，再去求新求变。无论哪个部门，基础的运营工作都是非常重要的，因为它会影响存量业务的运行、存量客户的体验，是属于本公司或本部门已经打下来的"江山"，也是一个公司、一个部门的核心价值体现，更是一个管理者安身立命的基础。所以，把基础的工作做扎实、做稳了，把团队稳住了，等他们有稳定质量的输出，再去广泛"外联"。

2. 根扎得深，才能伸向更高的天空

我特别喜欢看甄子丹的"叶问"系列电影，4部都去电影院看了。对于练咏春拳，叶问的日常功夫练习是非常扎实的，一点都不放松。这样他在实战的场景中才能频出妙招。本手一定要练得熟、练得精，才能出"妙手"。"守正"做好了，才能"出奇"，厚积才能薄发。

"妙手"是需要有一定的土壤的，土壤足够丰厚、滋养，才能孕育出新苗，长出参天大树。大树只有根扎得足够深，汲取了足够的营养，才能直刺苍穹。根往下扎得更深，才能伸向天空更高。

3. 下手前，先抬头

很多时候，为了尽快出业绩、出成果，获得领导和同事的认可，管理者往往会提出一些新想法、新创意，去尽力争取资源。这无可非议，因为每个新上任的管理者都需要有个 quick win（快赢，即尽快有产出）。但提出这些新举措、新项目的时候，一定要注意思考，这些是否只是短期的行为，或者只在局部有效，对业务全局、公司全局是不利的。

这就需要有全局视野，用长期主义去看待你要做的事情。我们看到很多管理者上台后，把前任管理者所做的事情都推倒重来，新建一个体系，新兴若干项目，好像不打上新"标签"，不足以"立足""言功"。但这个新体系、新项目也许对整个系统并没有提升和贡献，甚至留下了不少隐患，还耗费资源。这其实就是"俗手"，不考虑实际情况、历史情况，盲目上新项目，发起

新工作，却没有真正深入去想这些事情是否应该做、值得做，而只是为了做而做。

建议新任管理者先了解本公司、本部门、周边部门的历史情况，了解公司全局业务痛点，思考本部门定位、价值、与周边的关系，结合前几任管理者做了什么、做得怎么样，再去决定做什么，也许能够找到更准确的切入点。

我认为管理者有一项很重要的素养，就是平衡好短期目标与中长期目标的关系，既能照顾短期，有短期成果，也能考虑长期，为长期打好基础。"本手"是根本、是根基，是创新、创造的基础；"妙手"是由本手延伸出来的，要做有把握的"妙手"、符合正确逻辑的"妙手"；避免"俗手"，"俗手"虽不能说是坏棋、错棋，但是属于耗费性、折腾性的举措，少做为宜，而且高手一看就知道你的水平了。关于 HR 新任管理者如何做好自身定位，顺利胜任新岗位工作、产出业绩获得认可，在我的《新任 HR 高管如何从 0 到 1》一书中有详细介绍，并有很多案例，有兴趣的读者可以进一步了解。

七、减少信息的不对称性

在公司一次管理团队会议上，一位业务主管提出一个观点：极大的开放带来极大的信任，极大的信任带来极大的内驱力，极大的内驱力带来极大的战斗力。我认为这句话非常有道理。

这里的开放，我认为主要是减少信息的不对称性，让信息能够在组织上顺畅地流动。这种流动包括三种：自上而下流动、自下而上流动、横向流动。最有价值的信息流动，我认为是自上而下的流动。上面自然是指公司最高层、一把手，然后到高层管理团队，再到中基层管理人员、员工。

公司的战略方向、经营管理重要决策信息，如果能尽可能地从上往下传递，让广大员工知悉，会非常有利于公司整体在统一方向上的迈进，同时也有利于增进员工的组织认同感。即使是公司经营发展进展不利的信息，如果坦诚向员工沟通说明，也会得到他们的理解，有利于团结员工，共同对抗经营不佳的局面。

很多企业一把手以及高层管理人员，忽略了员工的知情权。仅仅是增强信息传递这一项，就可能给公司节省大量的成本，对组织发展有着正面的促进作用。因为信息越是没有偏差地传递，员工越会按照这个方向去调整；员工越能领会高层的意图，越容易把它实现出来。让信息能够自下而上流动，也是非常重要的。所谓广开言路，就是这个意思。

我们看到很多公司在管理上出现问题，或者有些管理者的团队管理出现问题，就是在这方面做得不好。

管理者没有开放的心态，缺少对员工声音的倾听与关注，导致员工"用脚投票"。信任是一种很强大的力量，甚至超过了涨薪等激励方式。有了信任，你把员工当自己人，员工也会把你当自己人，从而从你的角度去考虑问题。

以创业型企业的高管团队为例，如果公司创始团队把外部加盟的职业经理人当成自己人，那么，这些职业经理人也会把公司的事业当成自己的事业，能够从公司全局的角度来思考问题与决策行动。由此出发，他干事情就有了强大的内驱力，从而推动公司发展、成功。这是一种内在的自我要求，而不是为了满足、迎合公司创始人或创始团队的要求。我发现，若职业经理人存在对公司的不满或做得不开心，很多时候，根源在于他认为公司创始人或创始团队对自己不信任。

管理者有了内驱力，自然也会驱动自己团队里的人，形成团队的整体战斗力。所以，我们回过头来看看这个逻辑的起点，就是开放性。开放性可以说是管理者最为重要的特质之一。缺少开放性的管理者，在管理结果上往往难以真正成功。相信看过《奈飞文化手册》的人都能深深感受到，奈飞的企业文化中，开放是最大的魅力与成功因素。

我们看到，奈飞把开放、信任几乎做到了极致。到最后，就形成了"无规则而治"的效果，人人自治，员工自发驱动，团队自发驱动，企业变成了一个"多核驱动""无数核驱动"的组织，这一定会带来巨大的商业成功。

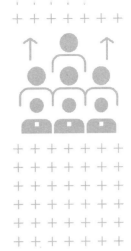

第七章

HR 长期主义者如何帮助 CEO 分忧解难

在企业中，CEO 这个角色是非常不容易的，他需要面对很多的挑战与压力，这是对其全方位的、极大的考验。HR 长期主义者需要结合 CEO 的工作场景，分析其面对的挑战、承担的职责、需要的关键能力，帮助 CEO 寻找突破之道。

一、确定组织战略发展路径

1. 基于企业的天然禀赋

CEO之难,首先难在确定公司的战略方向。方向定了,大家才能全心、全力往前跑。市场环境复杂多变,各种因素犬牙交错,CEO需要对国家政策变动情况、行业发展方向、友商竞争态势等因素进行综合衡量,从而确定公司的战略发展方向。一般来说,定一个大概的、笼统的目标并不难,就像本行业内类似的企业一样,设定一个通用的"梦想",但这几乎可适用于所有同行企业。

对于CEO来说,最难的是基于组织自身的基因,组织的天然禀赋,去制定组织未来的愿景,并规划出组织独特的发展路径(或成功路径),而且这个路径是有关键里程碑的,如一年、三年、五年、十年的发展目标。这个发展路径应是符合市场趋势、行业规律以及商业底层逻辑的。该发展路径一旦描绘出来,要在公司高层达成共识,并自上而下传递,形成更广泛的共识,这可以说是公司的信心之源。

这个路径出来了,组织的商业模式就出来了。

2. 借助内外部的智慧与力量

对于CEO来说,要制定这个愿景与发展路径,对脑力的挑战是极大的,因为这需要对宏观环境的充分了解、对行业底层发展规律的穿透、对客户显性与隐性需求的把握、对行业内各专业领域的充分了解……所以,单靠个人的力量往往难以完成。

HR 长期主义者要帮助 CEO 组建智囊团，包括外部专家，也包括内部核心团队。

CEO 需要"眼观六路，耳听八方"，从多个角度去倾听、了解信息。HR 长期主义者可以组织各种讨论，并为 CEO 整合各方信息。外部的信息来源是多样的，比如政策制定部门、投资机构、行业分析机构、客户、友商等；内部的信息往往来源于管理团队内部讨论，以及各业务部门或一线的员工提供的信息。在组织内部的各专业部门之间可能会发生一些争论，因为大家的定位、职责、信息都不一样。

在争论开始时，CEO 需要"观棋不语"，保持开放心态与多元视角，让各种信息充分进来，相互碰撞、融合。争论不可怕，真理越辩越明。在各种错综复杂的信息来源下，CEO 需要穿透迷雾、抽丝剥茧，抓住最本质的东西，在各种不确定性的假设与判断中，找到确定性的结论。这对 CEO 的知识储备、视野格局、战略判断力、规划力、决策力都是极大的考验。

我认为 CEO 的战略思考模型是很重要的，就像《孙子兵法·始计篇》提到的最经典的战略思考模型：

经之以五事：一曰道，二曰天，三曰地，四曰将，五曰法。

校之以七计：主孰有道？将孰有能？天地孰得？法令孰行？兵众孰强？士卒孰练？赏罚孰明？

你的战略思考模型，决定了你的战略决策质量。

3. 逐步迭代，利用多元思维模型

CEO 需要基于战略思考模型，召集核心管理团队成员进行多次深度的研讨，并不断地迭代优化，才能形成公司的战略规划。初期可以先定个大方向，然后不断细化，逐步把每一部分缺失的内容补上，把不确定性的东西变成确定性的。HR 长期主义者可以帮助 CEO 组织公司的季度战略研讨会，通过一轮一轮的深度研讨，逐步把行业看透，把自身的战略讨论透；讨论的过程，就是高层一步步达成共识的过程。

高层的高度共识，就是最宝贵的成果。在战略规划讨论前期，还可以扩大讨论范围，让中层干部与骨干员工也参与进来，给予更多的输入；但越到后期，越应该收缩范围，做出"精英决策""顶层决策"。这个过程中，CEO的秉性、思维特点就显示出来了——他是开放还是封闭，乐观还是悲观，看短期还是长期，关注全局还是局部等。

每个专业背景都有其独特的思维模型，CEO的原生职业背景起着极其关键的作用，CEO要认识到这一点，它可能是一个优势，也可能是一个约束。看到自身的思维模型，也看到别人的思维模型，从而用一种多元的或者整合后更加高维的思维模型去判断与决策，更能得到理想的战略规划成果。

二、解决好"人"的问题

上文谈论了CEO面临的场景之一——定战略，接下来讨论CEO的第二难——人的问题。

1. 人的问题很重要

我问询了某创业型科技企业的董事长兼CEO，他目前面临哪些主要的组织痛点，他列举了如下几点。

①找到合适的人（认同感、冲劲、专业能力、人品、包容力、管理能力等）。

②信任关系建立，如何做到重要资源给信得过的人（不丢失）。

③各种体系的建立，实现内部高效运转，以及如何把想法不同的人捏合在一起，上下齐心。

他描述的这几点，非常朴实，具有"触摸感"。这几点有一个共同点——关于人的问题。在解决了战略的问题后，人就成为最关键的因素了，有了合适的人，战略才能启动与落地。没有合适的人，战略只能被"雪藏"；没有合适的人，战略的落地一定会失败。该CEO描述的几点，是有一定的逻辑顺序的。

第一点，找什么样的人一起合作。

第二点，找到了人，如何开始初步的磨合。

第三点，如何让不同背景、来源的人有效协同。

针对这几点，下面分别做出解读，并提供具体的解决思路。

2. 选对人：起点即终点

你找了什么样的人，就会收获什么样的结果。一个组织能不能成功，你只要看这个组织的一把手就可以了。有时候，我会感慨，有些企业太不会选择高管了。我接触到某企业的一位高管，入职已大半年了，从我见到他的第一面开始，我就判断他不是可以"成事"的人，因为他身上的某些特质决定了他是难以"成事"的，比如方向不明确、没有结果导向、不聚焦、做事不闭环。其实用十几分钟就能判断他日后成败，但公司却录用了他，并浪费了两年时间。

看人有着颇深的门道，会看人的人，往往能穿透表面直击本质，从底层思维、深层特质上解构、判断这个人是否合适。

对CEO来说，首先需要明确选人的标准，其次需要有会看人的帮手。很遗憾，很多企业CEO因为背景过于偏重业务，缺乏在"人"方面的识别力、判断力，导致"一朝选错，满盘皆输"，浪费的是时间、成本，还有市场机会。合适的人，特别是高管，一定是价值观、理念、底层思维趋同，业务能力与经验匹配，职业素养、自驱力、驱动他人能力俱佳的人。其中价值观、理念、底层思维的趋同是最为关键的，如果不同，就相当于两条平行线，永远不会相交。

对于CEO来说，破局的最佳方法就是找一个识人经验丰富的CHO，帮助解构企业深层次的人才需求，并识别、甄选合适的人。或者CEO本身通过多次"试错"，去逐渐摸清自己需要什么样的人，领悟到选人的"普适"规律，然后选人的成功率会得到提升，但这个摸索的时间可能很长。我们要永远相信术业有专攻，要相信并借助"明白人"的力量。

3. 先把底层"土壤"养好

信任关系的建立有一个时间窗，时间窗一般只有三个月，错过了再建立几乎不可能。所以，新的管理团队一定要先"通气"，把底层的"气"先通了，建立了良好的信任基础，再去谈具体的事情。

信任相当于"土壤"，没有足够厚度的"土壤"，在一片水泥地上是种不出任何东西的——无论是小草、花，还是树木。所以，在组建了新的管理团队后，第一阶段要做的就是信任的基础构建。HR长期主义者很重要的任务，就是帮助CEO构建好这个基础。

在开始阶段，CEO与新的高管成员"非正式"的沟通应多于"正式"的沟通；情感沟通的比例应大于事务沟通的比例。具体方式上，HR可以为CEO与高管团队组织"闲谈会"、团建活动等；高管团队成员多搞一些户外活动（比如高强度的拓展活动），在一些相对"极端"的环境下，更能促进彼此间情感的加强。CEO要注意，不要心急火燎、直截了当，甚至有压迫感地沟通，这很可能把底层的基础给破坏了。

HR长期主义者应提醒CEO，多了解新入职的高管，多投入一些时间与他们沟通，多一些关注、认可与支持，这比什么都重要。

4. 统一管理原则

关于前面某创业型科技企业的董事长兼CEO所提的第三点：如何捏合各种不同想法的人，并帮助他们建立好业务运作体系，这点可以说是最难的。难在统一各种人的价值观、思维方式、管理语言、沟通风格。如果把这个难关过了，可以说完成了"人"的工作的80%。

我在很多实际案例中看到的情况是，在9～18个月的周期内，新组建的管理团队裂缝凸显，全面崩溃的概率甚至高达70%～80%。那么，HR长期主义者如何帮助CEO及高管团队度过这个"死亡期"呢？

首先，HR要帮助CEO统一思想。统一思想的前提是CEO要建立足够的威信，并且明确内部沟通、决策、管理的原则，使管理团队对 CEO 的管理原则、要求极为清晰，让大家都知道 CEO 处理事情、决策事情的基本原则、要求是什么。CEO 要通过关键事情的处理，去强化自己的管理原则。在此过程中，很多关键事件的处理，以及通过这些关键事件明确公司的管理原则，是需要 HR 去完成的。

另外，HR 长期主义者要提醒与协助 CEO 公平、公正、客观地评价与处理事情，以使 CEO 的"公心"（公平之心）深入人心，得到管理团队成员的充分认同。这是大家认同、信服、拥护 CEO 的基础。HR 长期主义者在有些必要场合，还要提醒 CEO，不要急着干预跨部门管理者之间的沟通、矛盾，特别是那些需要当事人相互沟通、协同的场景，尽量让当事人之间先沟通解决，如果确实解决不了，再到自己这里。这是因为协同能力是需要通过磨合、碰撞，在阵痛中培养起来的，如果一开始没有经过这个阶段，错过了最佳的时间窗，可能永远不能形成协同能力。

我看到一家企业"畸形"的沟通路径：一级部门负责人要解决跨部门沟通的问题时，都是"向上"先找自己的分管领导，然后由分管领导去"压"别的一级部门负责人，这种"三角形"的沟通方式永远都是"拐个弯"去解决问题的非常规路径，会让别的一级部门负责人很不"爽"，导致双方矛盾渐生，积怨越来越深。

下面谈一下 HR 如何帮助 CEO 建立运作体系的问题。

首先，应要求新来的管理者建立该业务领域的"全景图"与框架，以及确定年度重点工作。这是定方向的问题，方向未定，不宜马上深入到"点"，否则会模糊了"战略焦点"。

其次，要不断强调各部门应进行知识沉淀，要及时把业务中积累的经验、教训沉淀为"产品"。这个"产品"可能是对内的，也可能是对外的，它具有一定的"封装性"，是可以对外做标准化交付的。它可能是一个方案，也可能是一个制度、流程等。除了各部门本身的体系建设，跨部门的运作体系也是非常重要的，特别是基于项目的运作机制（包括各部门如何分工、协作，如何考核与激励分配等）。在这个层面，需要 HR 协助 CEO 成立跨部门的流程建设委员会，以 CEO 挂帅，强力推进公司一级流程（跨部门）的建设。这是公司的"龙脉"，务必不遗余力地建设好。

总之，HR 长期主义者应不断影响、推动 CEO 充分投入时间和精力于"人"身上，因为成亦在人，败亦在人。管理好人，企业才能走得顺，组织才能顺畅运转，CEO 才能腾出时间与精力去谋划更长远的事情。也只有这样，CEO 也才是真正的 CEO 角色。

5. 平衡关系

一位从业务主管提拔起来做了两年 CEO 的朋友最近比较苦恼，他觉得做 CEO 心很累，有处理不完的事情和人际关系。他向我提出了两个问题：CEO 与 HR 的关系应该是怎样的，如何平衡？当发现下属的问题时，在立即干预解决问题、授权让同事先解决的两者之间，怎么平衡？这两个问题，都是关于关系平衡的问题。

CEO 之难，很多时候并非来自事情如何难办，而是由于人性和历史因素掺杂在里面，你的每一个决策，甚至每一个言语行为，在有心人的眼里，似乎都会透露出特定的信息，并做出一些自我解读。于是，这种主观的解读会在"解读人"的心里或小圈子里荡起一些或大或小的"涟漪"。

所以，CEO 要十分注意自己的言行举止、判断与决策。有时候，你要更多考虑的不是这件事情本身，而是你的言语、行为、决策所产生的系统性影响。对环境与人际的感知，是 CEO 必修的一门课。

6. CEO 与 HR 是什么关系

有一个 HR 朋友说，CEO 与 HR 的关系有点像 NBA 里总经理与主教练的关系。他这个提法引起了我的兴趣，我专门查了篮球俱乐部里几个关键管理角色的职责与关系。

通俗地说，总经理就是球队股东摆在台前的"操盘手"，也是大管家，负责一支球队的运营管理；领队是球队的小管家，负责球队的管理；主教练就是训练和指挥球队比赛。

以上三个角色，总经理主管财务（引援），主教练主抓比赛相关事宜，而领队负责球队综合事务管理。他们各有分工，紧密合作，都是为了球队的建设与发展。如此分析下来，我认为 CEO 与 HR 的关系，更像是总经理与领队的关系，即 HR 是综合事务管理的角色，而主教练就像是企业中分管业务的 VP（副总裁），或者分管业务的工作由一个个业务部门的负责人所承担。

7. 要让子弹飞一会儿吗

关于前文 CEO 提出的第二个问题：当 CEO 发现下属的问题，是立即解决问题，还是"让子弹飞一会儿"？发现下属的问题后，一般建议即时沟通，尽快了解、讨论和解决问题。

有些时候，CEO 不太适合马上给出解决方案，也不要马上说出自己的想法，告诉对方如何去做，这样很可能使下属失去思考与锻炼的机会，变成一个纯粹的执行者。第一次讨论是个预热，先抛出问题并初步讨论，让对方收集信息，仔细考虑解决方案，然后再定一个时间和自己进行沟通。有时候，把事情先"捂一捂"，晚些拿出来重新讨论，也许效果更好，得出的解决方案更佳，因为这时候大家对问题考虑得更为全面、深入了，解决方案也会更加成熟。如果这时候 CEO 内心比较焦虑，抑制不住负面情绪呢？CEO 要调整自己的"位置"，最好是调整到对方的同侧，和他一起"并排坐"（而不是"面对面"坐），一起去面对、解决问题。

然后，还要有一种"镜子"的心态，就是真实、客观反映事情的原貌，不要加自己的主观判断，因为你一旦有了情绪，会左右你的判断标准，就不一定客观和中正。这样很容易使对方也产生逆反心理，反而不是聚焦在问题解决上了。如果这位同事在公司待了很多年，也和 CEO 相互熟悉与了解，他还是在犯一些不应该犯的错误，那么，CEO 该如何处理呢？

建议 CEO 直接指出他在思维方式、做事方式方面的问题，而不只是谈某件事的解决。这样才能治本。CEO 在关系平衡方面要刚柔相济，有时候用直劲，有时候用巧劲，这样才能收获相得益彰的效果。

8. 换一种思路去选人

（1）"按图索骥"选人，会有什么问题。我发现很多 CEO 在选人的时候采用"按图索骥"的方式，就是分析这个岗位面临的场景是什么、要解决哪些问题、要做哪些事情，然后分析需要什么样的人。这种选人思路就是先有标准，然后按照标准选人。如果人选不符合原先设定的条件，就直接筛掉。

这种思路，在 VUCA（即 Volatility、Uncertainty、Complexity、Ambiguity 的缩写，意思分别是易变性、不确定性、复杂性、模糊性）时代不确定性的环境下，以及在企业不确定性的业务（如市场拓展）中，是很容易屏蔽掉很多有价值的人选以及有益的市场机会的。这是常规的选人思路，但企业需要有更具创新性的、突破常规的选人思路。特别是 CEO、CHO 选人，一定要有更宽广的视野。

（2）面向增长的选人思路。对于 CEO，要找的人才应该是能给公司带来增长的，能驱动公司发展的人才。很多时候，公司要拓展的市场机会，不仅仅是我们脑海里勾画的范围。市场是非常大、非常丰富的，其中能产生的各种链接与机会，远远超出我们事先的想象与规划。因此，我认为企业至少有 20%～30% 的比例，要"不设前提"地选人，不以企业的"现有需求"去选人，而应该转换到以候选人为中心、为出发点，即先看候选人有什么"亮点"，有什么"价值点"，能给公司带来什么价值。我们更希望看到给公司带来新价值、带来增值、带来新东西、带来惊喜的人才。我们希望人才过来帮助我们发现一片"新大陆"，找到一块"新蛋糕"，帮助我们把现有蛋糕做大，而不是把公司目前的蛋糕分得更好。这个思路，其实是以"增长"为导向来选人，而不是以"管理"为导向；不是以"解决问题"为目标来选人，而是以"创造"价值为目标。

比如，我们看到候选人在别的公司做过一些新的模式、新的产品、新的客户群体，就可以思考：我们能不能引进这个人来孵化新的商业模式、新的产品，开拓新的客户群体呢？我们有没有可能为他新设一个团队或一个部门呢？当然，这可以采取一步步走的策略，先以小团队运作，然后是中等的团队，再到大的团队；先是单兵作战，然后是项目组，再到部门。

（3）为人找岗，为人找事。从为岗找人、为事找人，到为人找岗、为人找事，这是一个比较大的突破和转变。这是一种基于经营的视角来选人，而不是基于管理的视角来选人。如果 CEO 有了这个视角，跳出原有"框框"去选人，那么他在促进公司增长、激发团队活力、增强员工信心方面，就有了一把不错的"金钥匙"。当然，组织还要有良好的用人、留人、激励人的机制。如果没有这样的机制，即使是人才，也施展不了才能，发挥不出价值。

导向增长，以人才来驱动组织发展，我们就能不断为组织输入新的血液，引进新的"鲇鱼"，在组织里激起新的"浪花"，让员工看到改变与更多的可能性，并持续获得信心。一定要相信，信心是比黄金还要宝贵的东西。

三、在"事"上的解决之道

前文分析了 CEO 工作之"难"的两个方面：战略和人。接下来分析 CEO 在处理"事"的问题上难在哪里，有何解决之道。

1. 永远从客户的角度出发

CEO 在"事"的维度上，更多的是基于其岗位职责要求。约翰 P. 科特在《总经理》一书中提到，总经理与责任相关的挑战和困境有三方面：尽管存在极大不确定性，但还是要设定基本目标、政策和战略；在各种不同类型的职能部门和业务部门需求之间实现对稀缺资源配置的精准平衡；掌控各类不同活动的进程，能够及时识别出失控的问题并迅速加以解决。

关于第一点，属于战略方向、目标的问题，前文已经分析过了，这里重点谈谈后面两个问题。大部分CEO在企业资源有限、自己精力有限的基础上，需要确定如何分配有限的企业资源与自身精力。CEO还面临着不同部门的管理者向上争取资源的诉求，每一个人都认为自己的部门很重要，自己要做的事情很重要。

从局部看，所有部门都是重要的，所有需要做的事情都是必要的。但CEO要从公司全局去判断，也要带领各部门负责人从公司全局去思考，获得他们对CEO判断、决策的理解、认同。CEO应该永远只有一个决策因素，那就是客户！从满足客户需求、赢得市场的角度看，我们需要考虑整体的力量如何在各个部门中排布，局部永远都要有助于全局的整体作战。后方必须无条件服从、支持前方作战所需。

CEO一定要建立这个"定海神针"，否则就会陷入无休止的各部门资源争抢、论战当中。

2. 从"救火"到"防火"

CEO也经常陷入"救火"状态，各个部门会向上请示各种各样的问题，需要CEO给予决策。这时候，CEO的认知流量、认知阈值就会受到很大的挑战，在信息不充分、专业知识不足的情况下，很多时候会"拍错板""拍偏板"。

这时候，CEO该怎么办？

一方面，建立清晰的授权、分权机制是必要的。当一件事情报到CEO处进行决策时，CEO需要思考一下，以后这类事情是都需要报到自己这里来，还是由各部门负责人自行决定。

另一方面，CEO不要只是"点"状回复各部门负责人某件事该如何做，而是要和对方讨论出一定的原则和处理标准，后续让其根据这个标准来权衡判断与制宜。

从一件事情推广到一类事情，为这类事情建立常行的"通道""护栏"，就是把一类事情"标准化"，这可以大量节省成本。

3. 引入端到端决策机制

有些工作是超出 CEO 专业背景范围的，由于 CEO 自身职业背景所限，对不同专业的认知范围、深度是有差异的，这导致他的"决策模型"是不完整的。这时候，引入跨部门、端到端的决策组织就很有必要了。无论是战略、投资、业务上的重要决策，还是人力资源、财务上的重要决策，都需要有企业端到端、全局、系统性的考量，以避免"局部最优"而"全局不优"的情况。

所以，CEO 一定要建立公司核心团队的决策机制，可以分为战略类、业务类、人力资源类、财务类等，参与不同类别决策的人员范围可以有差异。这些人员可以定期（如月度）就相关领域的重要事项进行讨论决策，也可以不定期召开临时专项会议，其目的就是把 CEO 的"烟囱式"决策，变为系统性、全局性的"集体决策"。集体决策，可以最大限度地帮助 CEO 消除个人因素（如主观情绪、个人偏好、专业知识不足、决策疲劳、视角单一等）对决策造成的不良影响，最大限度地提升公司的决策质量，使决策更为稳健、长远。

4. 必要时"躬身入局"

为了解决离业务一线越来越远的问题，CEO 可以轮流分管不同的部门，甚至在有些部门负责人缺失的情况下，可以在一定时间范围内兼任该部门的负责人。这种方式可以使 CEO 不致离业务太远。当然，CEO 担任公司某职能委员会的主任也是一种方式，比如流程管理委员会主任、薪酬绩效委员会主任；CEO 也可以担任一些重要项目（比如信息化项目、并购项目等）的赞助人、负责人、项目经理等。

CEO 要尽可能使自己的专业"域"边界不断扩展，使自己对业务的了解更加充分，这样才能更好地识别各业务领域的问题所在，更高质量地决策各业务领域事项，更好地为各专业领域的发展指明方向。CEO 在平时应对企业内部各种问题有更下沉的了解，有时候，从小处、细节，更能把握问题的本质与缘由。

CEO 要"上通天文，下知地理，中晓人伦"。CEO 如能亲善地、温柔敦厚地实行督导，以聪明才智来管理，一定能获得业务管理者、普通员工的认可，使企业的发展形成良好的示范效应与文化基础。

四、用心做好文化传承

除了战略、人、事，让很多 CEO 感到头疼、难以解决的问题，就是文化传承的问题。

1. 引进人才要考虑企业文化根基

我们的企业创始人（董事长、CEO），在文化的传承方面重视不够，做得也不够好。我们通常在招聘录用企业高管时，主要看背景、经验、才能，看重他能否把事情"扛起来"，而没有看内在的价值观是否一致。借助《天道》一书所提到的，就是"文化属性"是否一致，至少是有一致的基础。

很多企业在一段时间里一股脑地集中引进各部门负责人，且基本都是高管级别。这就是完全没考虑到企业本身的消化问题，特别是文化方面。

如果对于像华为、阿里这样的企业，已经建立了深厚的、不可动摇的文化根基，如此批量引进外部管理人才是没有问题的。但是对于文化根基尚为薄弱，甚至完全没有根基的创业型企业，如此操作则很可能产生灾难性后果。管理团队的"文化冲突"凸显，而 CEO 又没有足够的文化"统御力"，导致高管团队"貌合神离""各举旗帜"的情况比比皆是。很多创业型企业的高管团队在不长的时间里"分崩离析"，主要是由于价值观、文化冲突这个原因。

2. 组织文化要谨慎、逐步渗透

我作为 HR 部门的负责人，即使在十多人的团队中，引进一两个人也都很谨慎，都会反复思考团队文化的问题，比如，新进来的人员能不能适应我们的团队文化，会不会冲淡、排斥我们的团队文化？特别是在初期，要特别关注、解决文化融入的问题。每当带领一个新的团队，我都会先在团队文化层面进行"重整"，把该团队原来的文化以及我个人的管理风格进行"整合"，发展出适合这个团队的文化，让大家做事的理念、原则趋同。达到这个程度，我认为我是能掌控这个团队的，团队成员才能自动自发，如同一个人在做事，我才敢逐步扩大队伍，以及承担更多的项目。

团队文化层面的问题不解决，就是团队根基没打牢，这样迟早会出问题。所以，创业型企业在引进高管的时候，一定不要批量性引进，尽量采用个别引进的方法，成功融入一个，再发展下一个。就像洋葱一样，形成一个文化的紧密圈层，逐步往外扩展。

3. 文化传承应"以心传心"

文化的传承应该"以心传心"，这方面可以借鉴禅宗的传承之法。禅宗的祖位不同于世俗的名位，出身、学识、财富、地位都与此无关，胆识、智慧和自性觉悟才是最重要的。

只有将心融入，才能找到"心有灵犀一点通"的感觉，心意通了，其他的事情就好办了。而且，这个"通"是要真的通，一通百通那种，认同自己的基因就是企业的基因，这样的基因才能真正传承下去。CEO应该经常反思：我是否在用心传承文化？

五、决策时减少原生职业的影响

接下来谈一下关于CEO决策的主题，CEO的决策深受其最初职业的影响，借用"原生家庭"的概念，取名"原生职业"。

1. 决策的风险与不可依赖性

CEO在组织中身处高位，他需要对各个业务领域进行决策，但其对各业务领域熟悉、了解程度不一，因此决策成为一件不太容易的事情。CEO对于跨业务领域的综合决策，则更具有不确定性。CEO从事的是别人难以代替的工作，他需要为自己的决策承担不确定性的风险，并承担这个"冒险"带来的结果。在组织中，每一个岗位似乎都可以向上"依赖"——依赖上一层的决策，通常是由最终决策的人来承担最大的决策风险。

CEO是无法再向上依赖的，他需要为自己的决策"买单"。

2. 原生职业的思维与路径依赖

CEO对自己熟悉的业务领域，特别是自己的原生职业领域，往往觉得比较可控，决策起来不会那么焦虑。同时，CEO对所熟悉业务领域的人员，有天然的亲近感，也能体会到该领域人员工作场景下的不容易。当然，在有些场景下，CEO对自己熟悉的业务领域也会更有"干预"的欲望，他可能会深度地参与讨论，提出自己的想法。

从心理层面来看，CEO从中能获得一种专业的成就感。相反，对自己不熟悉的业务领域，CEO由于看不透其内在运作机理，通常会有程度高低不一的不确定感、不可控感。

CEO会有两种由此引发的典型表现：

一种是排斥与远离，尽量不过多介入，不参与其中，而是采用委事于人的方式。内在原因，可能是CEO觉得，自己在这个领域说不上话，或者说得不专业，会让人"见笑"。

另一种典型表现，就是你越把控不住，越想拼命抓住。越觉得难以管控，越想通过某些"硬杠杠"对结果产出进行强约束，结果很可能是给该领域的管理者带来过大的压力与不舒适感。

CEO对待熟悉与不熟悉的两类业务，如果处理方式不妥当，很容易造成内部人员的不平衡感，让他们认为失之偏颇。

3. 逆向"报复"心理原生职业的对立面

一家公司的CEO是做一线销售出身的，所以对一线销售人员有着天然的身份认同，非常体恤一线销售人员。比如，有销售人员患重疾，他会到医院探望。但是，对于常坐在办公室的知识型工作者，这位 CEO 就不是那么友好了。在和这类员工或管理者沟通的时候，虽然他不会当面批评与责备，只会笼统地反馈一些意见（并不深入讨论），但心里可能是很不满意的，他可能会对这个管理者有负面评价，或者要求 HR 把这个管理者"干掉"。

4. 如何帮助 CEO 摆脱原生职业的不良影响

HR 长期主义者如何帮助 CEO 在不确定业务中更有把握地决策呢？如何帮助 CEO，对不同业务领域的人群，有更客观公正的对待呢？

首先，我们要理解 CEO 这种心情，并让他意识到自己受到了原生职业的影响。因为 HR 是第三方客观的角色，可以就自己观察到的"不客观""不公平"的现象和 CEO 坦诚交流。当然，沟通前，一定要看场景是否合适，以及 CEO 是否处于良性、开放的状态中。

其次，创造机会，鼓励或建议 CEO 与自己不熟悉的业务领域的管理者、骨干员工沟通（小范围或点对点），增进对相关业务领域的了解。

最后，通过集体会议的方式进行重要决策，让各相关业务部门都发表意见，在充分倾听大家的意见之后，再进行综合判断及决策。

如果有可能，HR 长期主义者可陪同 CEO，多到一线的工作场景去亲身体验，深入参与具体项目的讨论。另外，把 CEO 的角色设置到具体的业务审批流程中，也可促进他对业务有更深度的了解，并使其理解其他领域人员的不容易。

第八章

HR 长期工程模型

近些年来,我一直在思考人力资源管理问题的根本性、长效性解决之道。

经过长时间的思考,我提出人力资源长期工程的模型,目的是让企业更好地修建"河道",使其成为一种基础设施,从而结构化地解决人力资源的"导流"问题,使组织中的人力资源更结构化,更能聚焦到支撑企业经营增长中,从而达到"力出一孔,利出一孔"的目的。

一、人力资源长期工程全景图

我们评价企业人力资源管理机制的好坏，不是只看制度、流程、方案、方法、工具的好坏，而是看一系列的人力资源相关制度、流程、方案、方法、工具等的组合，看它们在组织中协同发挥的效果如何。

就像我们水电站的整体设计，它不是简单的一个引水渠，而是一系列建筑物的组合，包括拦河闸、进水口、引水渠、大坝、厂房、溢流坝、排水渠等，我们最好一开始就构建出来整体的结构，使其产生良好的协同运作效果。

我提出的人力资源长期工程全景图包括引领、支柱、落地、支撑四大组成部分。

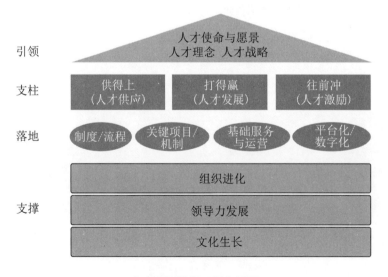

人力资源长期工程全景图

二、三个引领要素

人力资源长期工程首先需要一个引领，包括三方面：人才使命与愿景、人才理念、人才战略。

1. 人才使命与愿景

（1）人才使命。组织的人才使命，这个概念也许我是第一个提出来的。我们一般说企业使命，更多是从"甲方"的角度出发的。作为在组织里的每一个个体——员工，他们也许是以企业的使命为自己的使命，也许不尽然。我相信大多数员工的使命都有其自身的独特性，更多与其自身职业发展或利益回报等密切相关。所以，企业使命与人才使命很多时候缺乏有效的连接，甚至是脱节的，导致我们要达成企业使命变得异常艰难。

其实很多时候，两者是可以相向而行、融合，甚至重合的。我们有必要在人才领域提出人才使命这个概念，在满足企业需求的同时，也考虑满足人才的需求，这样企业和人才之间才能形成共同出发点，有了共同基础，产生共鸣，能更好地奔向同一个目标。

那么，什么才是一个企业应该追求的人才使命，又如何吸引、激发更多的人才加入企业，并能与企业共同奋斗呢？我认为，让人才"绽放"这个使命也许是最能激励人心的，因为每一个人加入一家企业，都是希望自己的才能、经验、智慧、品质等，能够充分"绽放"，发挥出自己独特的价值。

相反，那些不能"让人才绽放"的，通常是那些强管控或者人际关系异常复杂的公司，很多是"让人才凋萎""让人才泄气"——一开始人才很有能量，后来能量逐步降低，最后完全没有了。典型表现就是不愿说话、不敢说话，因为他知道说话也没用，而且说话还可能带来麻烦。

（2）人才愿景。人才最好的愿景是"共创价值"。企业与人才合作、人才与人才合作都是为了共创价值。价值共创、共生，是一种最融合、最协同、最和谐、最美好的状态。我曾经在企业内部和高层管理者、各级员工提到过这个概念，他们都为之一振，似乎产生了共鸣，彼此有了共同的出发点。

我们从这个共同的愿景出发，发挥出各自的价值，创造出新的价值，然后去分享价值成果。

2. 人才理念

企业应该拥有一些共同的、基本的人才理念，这是我们处理人力资源管理相关问题的基本出发点，可能涉及选用什么样的人才、提拔什么样的人才，以及如何对人才进行评价、激励等，特别是对于公司的高层管理人员，需要就此达成共识，形成共同理念基础。这样，在涉及人才相关决策的时候，彼此才能快速形成默契，达成一致意见。

当然，如果这个理念能够进一步传递到中基层管理人员，甚至普通员工那里，效果自然更佳，这样组织中每一个人都知道公司倡导什么，什么样的人会得到提拔重用，公司是如何评价员工贡献的，应该做什么会得到好的激励等。

有哪些人才理念是企业管理者，甚至公司全员应该达成一致的呢？以下是我认为比较重要的几个人才理念。

价值循环：人才的价值是通过一个循环来实现的，即价值创造、价值评价、价值分配。

"熵减"：人力资源的能量在一个地方储存或积累到一定程度，就需要采取一些"熵减"的措施，把这个能量耗散掉，才能够继续培育和生成新的能量。

"近悦远来"：企业管理、人力资源管理工作要达到的效果是，近处的人（员工）感到喜悦，喜欢公司的文化，不愿意离开，而远处的人（外部人员）慕名而来，想加入公司。

先人后事：处理事情的时候，要先考虑人的因素、人的感受、有没有起到激励人心的作用，再考虑做事情本身，这样效果通常会比较好。

人才是投资：不要把人当作一种成本，而要把它当作一种投资，这种投资是会产生回报的，你前期投资得越多、越明确、越得当，后期回报越高。

人才是慢变量：十年树木，百年树人。人的培养不能速成，一定是逐步体现，慢慢发挥出来作用的，这就是厚积薄发。人力资源机制的能量一旦形成，发挥出来的能量就会特别大，特别持久。

3. 人才战略

（1）人力资源战略规划及落地。企业应该有自己的人才战略规划，而这个战略规划应该来源于企业的业务战略，它是企业总体战略规划的一部分，或者是极其重要的支撑。没有人才的支撑，企业业务战略规划就不可能落地。人、资金，就如同高架桥的桥墩，有了桥墩，桥面才能不断往前延伸。

当然，只有战略规划还不行，还要确保其落地实施。不能落地的战略规划，只是"纸上谈兵"，并不能产生实际效果。没有人的到位，战略也无法实施与启动，只能作为一种储备方案。

（2）人才的飞轮效应。人才的飞轮效应就是企业应该在人的经营上有自己的一套逻辑与实践运行规律，它是能够自我闭环、良性循环、正向加强的。

比如前面提到的价值循环（价值创造——价值评价——价值分配）就是一个比较好的飞轮。企业应创造一套自身比较独特的人才飞轮，比如某企业的人才飞轮：激动人心的事业——吸引优秀人才——创造出独特价值——高收入、高回报——事业做得更大——吸引更牛的人才……

也有的企业不断把"人才正态分布"往前推，这也是一个飞轮效应：资源向优秀的人才倾斜、淘汰末位5%的人员，不断循环往复，企业整体人才质量就会不断提升。有的企业持续推动人才的内部循环，比如在总部各部门、子公司各部门的小循环，加上在整个集团体系内的大循环，实现人才能力的复合提升。

三、三大支柱体系

人力资源长期工程的"三大支柱"涵盖了人力资源的职责范围、专业模块，包括人才供应、人才发展、人才激励。

1. 人才供应

人才供应包括人才标准、用工模式、战略人才引进清单、社会招聘/校园招聘、招聘渠道、人才库/人才资源池、人力预算与编制管理等。

2. 人才发展

人才发展俗称TDLD（talent development & learning development，人才发展和学习发展），包括新员工培训、应届生发展/管培生计划、专业/管理培训、职位职级体系、任职资格管理、人才梯队建设、员工绩效提升、人才盘点、人才优化与退出等。

3. 人才激励

人才激励即传统的薪酬福利相关内容，不仅包括物质的，也包括非物质的，激励的形式与内容应更加多元化，具体包括薪酬竞争力分析、职级薪酬体系、薪酬结构/激励组合、非物质激励/荣誉激励、长期激励、项目激励、晋升管理等。

四、四大落地机制

1. 制度与流程

制度是人力资源工作的基石，具有奠基性，是组织稳定运行的保障，也涉及运营风险的底线、红线，相当于人力资源工作的"压舱石"。

企业的人力资源管理必须有制度作为保障，就如同国家的宪法与各项法律法规。有约束的自由才是真正的自由。企业的人力资源制度与流程包括员工手册、干部管理制度、晋升制度、绩效管理制度、薪酬管理制度、考勤管理制度、奖惩管理制度、组织管理制度等。

我们讲人力资源管理工作首先在于建"河道",让人才之"水"顺着"河道"而行,这就需要流程——人力资源的业务流程。因为组织中每个个体大部分来自不同的公司,有着不同的背景和经历,不同的人对做事情的方式、程序理解不一样,必须统一化、规范化,以实现人力资源管理整体效率最高,成本最小。

2. 人力资源项目与机制

只有制度与流程还不行,制度与流程相当于骨骼,还需要经络,才能气血畅通,使组织"活化""有弹性"。这就需要人力资源项目与人力资源机制来保证,这些项目可能是短期的,也可能是长期的,它们往往解决人力资源领域的局部问题或关键问题,起到激活局部组织的作用。另外,人力资源工作以项目的方式开展,往往会有一些响亮而特色鲜明的名字,容易让人理解和记住,起到标签化、产品化的作用,引起大家的关注与重视。

项目一般诉求明确,有前期策划、过程里程碑管理、责任分工与激励机制、闭环管理机制等,往往有利于把资源充分聚集起来,在较短时间内发挥出作用,就像把力量聚集在一个拳头上爆发出来一样。人力资源工作一定要通过不断提出、运营新的项目,来把事情做成。比如组织变革项目、专项人才招聘项目、培训赋能项目、薪酬体系优化项目、人才梯队建设项目等。通过项目把一件事情做通了,就可以形成一个机制,机制是更为稳定和长期的,类似于流程,但比流程更加灵活,更加柔性,更有导向性。比如人才培养机制、人才激励机制等,它是从若干个项目中抽提出来,并以制度、流程、规则、办法等作为保障,比流程更为宽泛、边界更模糊。

3. 基础服务与运营

人力资源基础服务与运营涉及人力资源日常工作的大部分,是影响很大的。它体现了人力资源工作的效率、质量与员工体验,人力资源基础服务与运营的规范化、标准化、流程化是非常重要的。我们通常讲人力资源运营质量,其实是很考究水平的。不同的人来运营，人力资源服务的水平是有很大差异的，传递的价值感也大不一样。你要看一家公司的人力资源管理水平，只要看它在基础服务与运营方面的水平就可以。

下面是常见的人力资源基础服务与运营的内容。

招聘全流程：简历筛选、面试通知、接待、面试、录取、入职跟进、报到入职等。

人事服务：假期管理、调动、晋升、发薪、调薪、离职、证明开具等。

绩效管理流程：绩效目标设定、绩效辅导、绩效考核、绩效沟通与反馈、绩效应用等。

培训流程：培训需求调查、培训通知、培训组织、培训评估等。

4. 平台化与数字化

人力资源管理工作最终要形成一个平台，在平台上可以组合出很多产品。这个平台是一个服务平台，也是一个赋能平台。平台化的好处是可以给用户提供按需的、多样化的、个性化的服务，是一种"共享＋个性化"的服务。平台化是基于服务对象的，是关注效率、成本与体验的。平台化一定是结合数字化的，它通过系统平台、技术、工具进行分析、指引与赋能，让管理者与员工的工作能够有的放矢，自动纠偏，自动定位，自动发展。

数字化可以让方向与目的更明确，精细化程度更高，更能对症下药。比如，通过数字化实现了招聘群体定位更精准、招聘渠道资源投入更有效、绩效标准更合理、干部选拔质量更高、激励举措更有效、赋能效果更明显等。数字化一定是盯着效果、盯着目标的，它由目标与结果牵引，是一个循环、闭环的机制。通过平台化、数字化的不断迭代，实现策略与数字之间的不断正向影响、稳步向前推进。数字化可以降低人力资源事务性工作的成本，使人力资源管理工作向着策略性、战略性方向发展。

五、三项基础支撑

1. 组织进化

人力资源长期工程不可或缺的一环就是组织的进化。企业管理者、HR 工作者的视野，一定要从基础人力资源工作延伸到组织的领域，因为企业的战略方向确定了之后，是靠组织去承载和落地的，相当于一栋楼房的基础框架，框架一旦定了，楼房的功能就集聚在这个框架里。组织是需要不断进化的，由企业对外如何满足客户需求、对内如何协同资源这两大因素共同决定。

所以，我们需要对标客户的组织，分析如何能与客户更好地对接；同时，需要了解友商的组织，以给自身的组织优化提供借鉴；在内部，要看目前组织在运行过程中是否存在明显的矛盾与效率不高之处，是否需要"合并同类项"（比如大部制）。有时候，我们还需要思考人的因素，就是有没有相应能量级的管理人才可以担当相关职位。

另外，组织运行的风险也需要考虑，组织按照一定的方案设计，是否会对后续内控方面产生副作用，或者是否降低了组织弹性，难以满足市场发展的需要。对于人力资源工作者来说，最难的就是识别组织发展遇到的瓶颈，并提出组织"进化"方案，这不仅需要建立在对组织运行规律的了解上，还需要建立在对业务、对市场的了解上。

所以，组织管理是人力资源工作中最具技术含量的工作，可以说是人力资源工作的"王冠上的明珠"。组织管理包括若干内容，比如组织形态管理、组织规模管理、组织绩效 / 组织效能管理、创新活力指数 / 学习型组织、项目型组织管理、组织变革等。

2. 领导力发展

领导力发展是影响组织成功的无形因素中最为隐秘，最难以形成，也最需要时间来培育的。领导力往往源于企业创始人，是创始人自身气质的外延。

领导力是需要通过一些机制来不断发展的，包括干部的选拔标准、干部的培养路径、干部的晋升管理、接班人的遴选等。领导力发展最好的方式就是"以领导发展领导"，就是"人带人"。通过创始团队带出一小批人，然后这一小批人又带出下一批人……由此逐层培养。

场景式培养是领导力提升的必由之道，领导力不能靠说、靠培训去提升，而要靠真实的"打仗"场景去培养。如何构建作战场景，把合适的人牵引、组织到这个场景中去见习、历练等，需要精心策划，形成机制。

3. 文化生长

我看过张一鸣的一段视频采访，他认为，组织跟文化是非常关键的。公司市值高是因为有好的利润，有好的利润是因为有好的收入，有好的收入，对于 to C 的公司来说，是因为用户满意度高，有很多用户的前提是有好的产品，有好的产品的前提是有好的团队。团队如何不断吸引好的人，最有效的是从源头，即文化和制度上发力。

所以，文化是最本源的东西，是企业的基因，基因越优良，就越能发展出好的人才。它就像土壤，土壤的好坏，直接影响着各种花草树木的生长。

文化基因也是需要延续、传承的，如何让它传承得更加广泛、更加深入、更加真实，并且能够不断优化，这是企业管理者、HR 工作者需要考量的。文化有理念层、行为层、制度层，最重要的是理念层，这又回归到前面提到的人才理念的问题。

文化的根本在于企业最高层，即最高层的言行传递出来一种怎样的文化，"上行"一定是会"下效"的。最有力的文化传递，就是高层身体力行，做好自己，树立榜样，言行一致，并通过关键事件把文化坚决贯彻下去。借用华为任正非在 1997 年的春节慰问讲话中的标题——资源是会枯竭的，唯有文化才能生生不息。伟大的企业，最后一定是靠文化实现基业长青的。

第九章

建立人才引进长期工程

人才引进虽是人才与企业合作的起点,但HR长期主义者往往"以终谋始",从更长远、更底层的视角来看问题:引进什么样的人才、如何吸引人才、如何规划人才在组织的长期发展、人才供应链是否安全与可持续。

一、永远展示对人才的重视和善意

1. 视人才如宝石

我有一个习惯，每面试一位候选人，必定把他的简历打印出来，面试时随时记录关键信息，面试完会在简历上方的空白处写上对候选人的评分（5分制）以及简要评语。然后，我会把这份简历放到文件夹里一直保存（确保永不丢失），平时经常翻阅，想想以前面试过的人才，哪些人才还可以继续联系和使用。当再次翻看时，这些候选人的面孔以及当时沟通的情景历历在目，倍感亲切。有好些入职的同事，都是我在翻阅以前的材料时，重新"捞回来"的；有些人虽然没有入职，但我和他们成了好朋友。这些人才，是我做人力资源工作最为宝贵的财富。

比如，我目前所在的公司有一位市场总监，就是前期面试后，暂时没有合适的岗位，然后放到文件夹里的，但我一直对这个人念念不忘，他年轻且有才能，对行业研究分析非常透彻，构建市场化产品的能力极强，是难得一见的人才，我相信他一定可以给公司带来独特的价值。后来找到一个机会，有一个市场岗位开放出来，我马上推荐给公司老板，老板很快就发了职位邀请，他很快就为公司带来了很好的项目合作机会。所以，对优秀的人才，要如同珍视宝石一样念念不忘。而念念不忘，必有回响。

2. 主动"送上门"去与优秀人才沟通

有一家企业集团的CEO，认为公司最重要的事情，第一是文化，第二就是人才。他有一个独特的做法，就是"送上门"去面试人才，也给人才"面试"自己的机会。他经常一天飞几个城市，去当地面试一些特别优秀的高端候选人，以诚意吸引他们加盟。他认为，对于那些稀缺人才而言，就如皇冠上的明珠，他们到哪里都会发光，但他们不一定会优先选择到你这里，所以，你就要做出特别的举动，呈现特别的善意，争取获得这个优先的"被选择权"。

他还要求企业的招聘人员，不一定在公司里等待人才上门，甚至可以"送上门"去面试，就是去候选人目前所在的公司去和他沟通。因为大部分优秀的候选人，现在还在某公司工作得很好，甚至也没时间来现场面试。有这种渴求人才的态度，并愿意为吸引人才投入资源，人才也会"惺惺相惜"的。

雷军说过一句话："你在面试牛人的时候，牛人也在面试你。找人肯定不是一件容易的事情，如果找不到人，其实只有一个原因，就是没有花足够的时间！"所以雷军建议，找人不是"三顾茅庐"，找人要"三十次顾茅庐"！只要有足够的决心，花足够的时间，就可以组成一个很好的团队。

3. 人才的价值是在匹配中产生的

人才与岗位的匹配，也许不是短时间、一次就达成的，而是可能需要付出很长的时间、多次匹配才能达成的。所以，永远不要对一次不匹配、暂时不匹配失去信心，机会永远都在，只要你用心，只要你念念不忘。

有的领军人才，可能要跟踪好几年才等来合适的机会；公司发展到一定阶段，有了合适的"梧桐树"，才把"金凤凰"引过来。在不合适的时间把顶尖的人才吸引过来，没有合适的岗位与平台，是对人才的浪费，对企业和人才都可能是"一声叹息"。

选择什么样的人才也至关重要，除了经验、能力等因素，价值观的匹配是至关重要的。我很欣赏我的前东家（一家创业型互联网企业）选择高管的标准：选对人，前期的选择比后期的考核、激励的"加持"更重要，要选择那些志同道合，有长期主义，并能相互补位、有解决问题心态的人，我们要创建的是一支队伍。我相信我们与人才之间，是遵循吸引力法则的，只要你发出的信号足够强，你就会吸引来和你同频的人才。

二、起于招聘，但不止于招聘

1. 把招聘的时间跨度延伸

一般的招聘人员会这样定义招聘的起点：业务部门提出招聘需求；而把招聘终点定义为候选人入职或者转正。这样的视角无可厚非，但可以提升的空间还很大。优秀的招聘人员会把招聘的起点前置到人力资源战略规划、组织发展等阶段；而把终点延伸到候选人入职后的绩效表现、学习与发展方面，直至其在公司整个生命周期结束，甚至其离开公司都会继续关注。

这样，招聘人员的管理范畴就会定义为人才在企业的生命周期管理，甚至人才的职业生命周期管理。这种改变带来的意义是非凡的，它重新定义了招聘的角色，或者说超越了招聘，是从人才的"价值链"角度重新去认识了招聘，从人才价值的发现到人才价值的持续开发、经营。

2. 如何"把招聘做到极致"

我们说"把招聘做到极致"，可以包括以下三个"度"。

深度：把招聘做专业，做得精细化，从理念、方法，到流程、工具等。

广度：从更广的领域看招聘，跨越部门，甚至企业的边界，从整个社会、从全球的角度去定义可用的资源，以及资源可用的方式，不求"人才为我所有"，而求"人才为我所用"。

长度：跨越时间周期，更具战略性、远见性、规划性，看到更远的过去，也看到更远的未来。

其实不仅招聘，HR 的其他功能模块（如绩效考核、学习与发展、薪酬福利等）都可以采用这样的思考维度。

三、看人看到骨子里

1. 看人看底层，看终局

每个人身上，有些东西是可变的，有些东西是相对稳定，难以改变的。我们选择人才，一方面需要看到可变的东西，知道其目前的水平是暂时的，还会有成长、发展的空间，也就是潜力；另一方面，也要认识到，有一些东西可能是很底层的，你看不到，但它很坚固、持久，极难改变，却影响深远。

当你看到这些底层的东西，并基于底层的因素去识人、用人，你就能够把握"终局"。很多时候，终局已定，就在那里，只是我们能不能看到，有没有能力看到。

2. 性格

性格最难改变。性格的难以改变，是因为它主要由基因遗传决定，还有人的成长环境的持久影响，这两者的结合，就像拧麻绳一样，难以解开。性格决定了一个人的内在驱动力，以及对事情的反应模式。

人才的反应模式，能否符合工作场景所需，并产生绩效，这是企业管理者、人力资源工作者需要关注的，因为它涉及我们用人的管理成本、激励成本。我学习与应用性格分析工具有20年的经历了，有以下几点实践心得。

（1）高绩效的人才有一些共同的性格特征；相反，低绩效的人才也有着一些共性的特征。当然，这只是大概率，不是绝对的。

（2）性格与工作场景的匹配，能够直接影响工作的绩效。绩效是在性格、能力与岗位工作的匹配中产生的，能力影响相对短期一些，因为能力是可以培养的，但性格的影响却是长期的，甚至是永久的。

所以，我们应更多通过性格的匹配来解决绩效的问题，而不是改变性格。

改变性格就像改变水流的方向，是逆人性之河流的。当然，改变工作、生活环境，也许在一定程度上可以改变性格，但这只是表面的、短期的、微量的，不是根本性的、系统性的、结构性的。

（3）性格不能用优点或缺点来表示，而应该用特点。用对了地方，就是优点，用错了地方，就是缺点。

（4）人与人之间的性格搭配，一定是有着优劣层次之分的。两个人之间，可能天然就亲近，也可能天然就排斥，这种匹配、不匹配是结构性的，几乎无法解决。两块完全不是一个系列的拼图，别指望能拼在一起。

3. 对人、事、信息的认知与处理

对人（情商）：有的员工，对人与人之间的感知很弱、不敏感，他在与人交往方面的细节处理，包括言行举止，一看就让你皱眉头——人际理解力太弱了！这就是对人与人之间的认知、处理能力问题，对每个人来说，会有惯常的人际处理模式。

对事（事商）：有的人处理"人"的方面还可以，但是处理"事"的方面就不行，他对事情的理解、做事情的逻辑，总感觉不入流。他似乎在如何做事方面的思路永远不清晰，不像有些人，在分析事情时如行云流水，做事也轻车熟路。

对信息（信息商）：在处理信息方面，有的人像"流水账"一样平铺直叙，而有人就能快速提炼总结，有逻辑地加工、再现。

对人、事、信息的认知与处理能力，有一定的工作经验与历练的关系，但更多的，还是敏感度的问题（暂用"商"来表达），还有思维方式、行为模式的问题。

所以，这三方面能力，先看看禀赋如何，在一个人身上，也许不可能全部都强，但不要有明显短板，最好根据工作需要，结合人的长板来进行匹配。

人才底层能力的优化，不要寄希望于培养，培养的成本是很高的，而且效果有限。人才底层的"硬件设施"好，培养才会快，而且他会自我培养、自我发展。你只需要提供平台，人才自会成长。

四、优点突出的人，缺点也突出

1. 局部的"粗放化"管理

在企业人力资源管理中经常会看到这样一种情况：优点突出的人才，缺点也突出，特别是顶尖的经营管理人才、技术创新人才。

对于创业者也是如此，创业者身上不仅有勋章，也一定是有伤疤的。这是人的能力发展的一个规律，我们假设人的能量是守恒的，如果他把能量集中用在某一处，自然其他方面就摊薄了。某一处的压强越大，其他处的压强越小。这就对我们原来"求全""精细化"的人力资源管理提出了新的命题，即对人才的综合要求应达到什么程度，是每一科必须合格，还是可以"偏科"，总分合格即可。我认为，在人力资源的局部领域，人力资源管理可以走向"粗放化"，或者说"差异化"。

2. 用价值视角来看待专才、偏才

我们通常提到的专才、偏才，他们在某个领域的天赋、能力特别突出，创新能力很强，但有着"社会化"程度不够的特征，比如，较为内向、不善与人沟通等。

我们用人，是为了创造价值。所以，对于优点明显、缺点也明显的专才、偏才要有包容度，有所注重，有所忽略——最重要的是思考这个人对公司的重大价值点在哪里。我们要基于价值的视角来看人，而不要基于问题的视角看待专才、偏才。从这个角度出发，人是没有优点和缺点的，人只有特点，而这个特点是创造价值的基本出发点。每个人都有自己的特点，需要因地制宜地发展。发展优点，比补全缺点要花费更少的力气。我们的面试官在遇到专才、偏才时，要用全局性的眼光来看待。

另外，专才、偏才招聘进来后，要创造环境和条件，让他们最大化发挥价值，比如充足的资源支持、灵活的办公时间与场所、聘请专人帮助其料理好日常事务（甚至家务）等，以使其充分利用时间，集中精力形成最大产出成果。当然，是否需要通过有针对性的培训提升其弱项，也是需要考虑的，即不能让弱项过弱，甚至影响到强项的发挥，这也是我们人力资源管理者需要关注的。

3. 对有个性人才管理的红线

对有个性的人才，无论是管理人才还是技术人才，还是要有一条管理的红线，不是没有底线的迁就、宽容，甚至到了纵容的程度。那么，红线在哪里呢？我认为这些人才的个性化表现、差异化对待，不能对他人造成较大的影响，不能影响组织全局，甚至影响企业文化。

前面我们提到的专才、偏才的内向、不善与人沟通等，其影响范围主要还是他自己，这就无可厚非。但是对于那些特立独行的管理人才，虽然其通过一些"下猛药""急行军""只考虑出成绩、不考虑组织影响"等方式，可能会取得一定短期业绩，但这些业绩是否对公司的组织、文化造成损伤，是否有利于组织的中长期发展，是需要注意和防范的。

如果其影响了整个团队，甚至全公司，形成全公司对这个人"侧目"，认为公司的组织文化、人才导向都出现问题的话，这是不能容忍的，是组织必须干预的。

五、给人才做"私人定制"

1. 单个职位招聘是吸引人才的障碍

我们在招聘的时候，往往提供了特定职位，对这个职位，企业要了解候选人经验与能力状况，评估候选人的匹配度，并向候选人说明该职位的工作职责、能力要求、绩效要求等。候选人也想办法透彻了解这个职位，以便在职业选择时不犯错误，至少能安全通过试用期，并进一步产出绩效，发展自身能力。这种情况，可以形象地理解为企业与候选人之间关于一个职位的"博弈"。

很多时候，双方"单一选择"的局限性，导致企业与人才之间失去了合作的机会，这是很可惜的。

2. 看到人才在公司发展的延长线

我们往深处想想，人才进入公司只是一个起点，但他在公司的职业发展轨迹不只是这一个点，而是一条延长线，甚至一条曲线。事实上，有长期主义的公司，往往并不那么在意人才在公司的起点，而更在意他在公司发展的路径，他的长期发展。

比如在华为，你几乎不可想象，进入华为五年的员工还在原来的岗位上，大多数情况下，他已经调到其他岗位奋斗了。这种流动，在华为是一种机制，也是一种文化，无论是基层专业岗位的员工，还是管理岗位的干部。培养人才的多方面能力与经验，给人才提供更宽广的职业发展空间，减少职业惰性，减少不良的人才沉淀，减少"负熵"，激活组织，是华为一以贯之的理念和实践。那么，我们应如何与应聘者沟通，怎样给他们呈现在公司的发展前景呢？

在与外部候选人沟通时，我发现有不少候选人都会问到企业的人才晋升机制，每当我提到公司鼓励人才进行轮岗发展时，很多候选人的眼睛都会发光，他们认为这是公司重视人才职业发展的表现。

当你以这种视角去看待公司与人才的合作时，公司与人才之间就不是"一锤子买卖"，而是"一揽子合作方案"，企业与人才之间的合作就不是"单一解"，而是"多解"了。你不仅会考虑候选人进入公司的第一步，还会考虑第二步、第三步，而且这第二步、第三步已经是和候选人初步沟通达成共识的，有了一定的心理契约。我们有必要向候选人展现公司常规的职业发展路径,特别是那些关键岗位;而且可能的话,多展示一些过往的真实案例,让候选人看到这种职业发展路径是真实可见、切实可行的。

3. 建立心理契约或书面契约

与候选人沟通其进入公司后的职业发展路径,充分达成共识,建立心理契约。在有些情况下,对中高端人才、稀缺人才,特别是经营管理型人才,如果双方都有着比较强的预期与期望,还可以就人才在公司的职业发展"里程碑"进行"策划设计",并达成一致意见,形成书面契约。

比如候选人担任公司某小规模的分公司总经理职位后,如果在两年内达到一定的经营业绩,建设好管理体系,培养好接班人,他就可以到某大规模的分公司担任总经理的职位,或者到集团总部担任某职能部门的总经理,甚至可以进入公司合伙人团队等。在这种设计中,有两个要点需要注意:

一是需要约定可量化的前提条件,即人才帮助公司达到什么条件后,才能获得另一个发展的机会。二是要在公司良性发展的前提条件下,因为企业整体的经营与发展是具有不确定性的,若公司由于大环境影响,经营状况急剧下滑,需要进行组织"瘦身",这时原来公司向人才承诺的先期条件可能已经不具备了。这些情况都应该考虑到,如有条件可以落实到书面上。

4. 内部人才的职业解决方案

外部人才进入公司时可以考虑"一揽子职业解决方案",内部人才也适用,而且适用的范围更广,因为公司与人才相对更了解,这时候来沟通职业的解决方案,更具可行性,更接地气。

记得我刚毕业那几年,很多公司流行给员工做职业发展规划,这种做法很好,只是缺少了一些落地的举措,比如定期审视每个员工的职业发展规划落实情况、有内部岗位机会时主动询问员工、随时发布空缺职位信息等。当然,这些职业发展规划还缺了一些很关键的内容:

一是每一步实施的前期条件，即达成条件：人才在上一个岗位上做到什么程度，就可以获得更进一步的发展，可以是年限、绩效成果、能力发展状况等。

二是约定一起定期回顾的时间，没有这个回顾时间的保障，职业发展规划可能会被束之高阁，不了了之。

这里面有一个问题经常发生，也是公司、人才都较为纠结的地方，就是人才转换到一个新的岗位后（可能是调动、晋升或竞聘），如果这个岗位是更高层级的，需不需要即时做人岗匹配，薪酬福利马上到位？这其实是一个两难的问题，很多公司回答不好，就进入公司与员工双方僵持、博弈，导致人才发展规划（对公司而言是职位配置计划）搁置的僵局。

我觉得没有"一刀切"的答案，只能是看不同公司的具体情况。比如在华为，员工对公司的信任度较高，而且华为每年至少有两次是定期做人岗匹配的，内部有制度规定，到了新岗位后，人岗匹配的时间是6个月，员工等着公司的整体规划就好了。而对于有些公司，人才发展机制并不健全，人岗匹配的审视也不是那么有规律，员工对公司的信任度还不足的时候，建议在任命时就做人岗匹配，把相关的薪酬福利一步匹配到位，让员工感觉到职责权利是对等的，并加强其对公司的信任感，提升其在新岗位做出成绩的信心与动力。

可以附加签订一个补充协议，即员工在新岗位上尚属"试任期"，在此期间是享受这个岗位相应级别的薪酬福利的，如果"试任期"结束，评估认为其能胜任该岗位后，可以继续享受该薪酬福利；如果评估不胜任，则双方协商对薪酬福利进行必要的调整，若再回到原来的岗位或者调到另一个新岗位上，那必须按新的岗位级别匹配相应的薪酬福利。

重视人才流动管理的企业，是有长期主义的企业，才更有可能以人才支撑企业的基业长青。我们如果回归到长期主义思维去看待内外部人才的发展，就会获得一个崭新的视野，很多我们以前认为无解的问题就会迎刃而解。

六、建立一张人才引进清单

1. 异曲同工的人才工作思路

在一次数百人参加的人才论坛上,深圳某区人力资源局负责人提到该区建立了人才引进清单,目的是吸引全球"高尖精缺"人才加入该区经济建设,清单上的这些人才对该区的战略发展、产业升级有特殊重要意义。让我印象比较深的是,他们提出打造"引才、育才、留才"全链条,在人才引进、人才培养、人才稳定三方面下功夫、出实招、做实功,精耕细作人才服务——这些工作,和我们企业的人力资源工作何其相似。为了引进"高尖精缺"人才,他们会逐渐减少对人才引进的约束和限制,去掉隐性的门槛,让人才引进工作便利化、个性化、开放化,形成人才聚集效应,营造技术人才氛围,让人才不仅有归属感,更能够持续成长。

他们其实是把重点引进的人才作为一项战略性工作,并通过专门的项目,把其运作、管理起来。以上这种列人才清单、专项管理的方法很值得企业借鉴。

2. 从业务梯次到人才梯次

我在华为工作的时候,有几年是在海外,所在的海外公司每年有近三个月的时间会专门讨论公司的战略规划,从公司的业务战略再到组织人才战略。在人才战略这部分,一定会做一件事情,就是列出公司战略发展所需重点引进的人才清单,主要是公司要发展的新领域人才,并明确具体的岗位、条件要求、数量、投入部门及项目等。这些人才如果仅是从今明年的经营管理需求看,并非马上需要,但是从公司未来三到五年的发展,甚至未来五到十年发展去看,却是必须战略性进行储备、培养和发展的。

我们看看这个人才清单背后的逻辑。公司先把内部的业务分成几类:成熟型业务、成长型企业、孵化型业务、探索型业务。这几类业务就像海浪一样，后浪紧随前浪，永不止息，这样公司才有永久的发展能力。而这些不同梯次业务的发展，都需要不同梯次人才的支撑，如果某一梯次人才支撑不上，业务的落地就会受到影响。

所以，我们必须滚动地每一年都往前看三年，先看业务发展的三年，再看人才发展的三年，然后每年列出人才引进的清单，并坚决把这些人才引进来，让他们在公司内部生根、发芽、长叶、开花、结果，到后来的可堪大用，发挥出较大商业价值。

人才工作是一项慢变量，必须从长计议，从近着手，用时间的力量逐步去改变。

3. 个体职业发展也可列清单管理

不仅对企业，我们个体的职业发展也一样是个慢变量，要做好规划，看未来三年我们要达到什么职业发展目标，然后提前规划、逐步落地实现。这个时候，列清单的方式很管用。

> 你所需要的历练、经验清单（比如承担什么岗位、项目、角色等）；
> 你要学习的知识清单、培养的技能清单（比如看什么书、学什么技术等）；
> 你要连接的资源清单（比如认识什么人等）；
> 你要达到的成果清单（比如输出方案、写文章、项目成果等）；

……

然后，把清单上的事情一件件从设想变成现实，你的职业目标就"水到渠成"了。

七、确保人才供应链的安全

企业面临越来越多的内外部不确定性，树立总体的安全观尤为重要。其中，人才安全观应该提上日程。尽早规划与实施人才供应链建设，才能确保企业的持续健康发展。

1. 企业安全观的树立

看过一份总体国家安全观图鉴，以长图的形式展示了国家安全各领域的内容，涵盖了政治安全、国土安全、军事安全、经济安全、文化安全、社会安全、科技安全、网络安全、生态安全、资源安全、核安全、海外利益安全、生物安全、太空安全、深海安全、极地安全等，多维度、全景式地展示了总体国家安全观。

由此，我联想到企业的实践是否也需要有一个总体"企业安全观"。企业为什么需要安全观，主要是为了发展的韧性，能够对抗内外部环境（宏观经济状况、行业状况、企业经营状况）的变化，增强"反脆弱性"，在不确定性面前，能够活下去，活得好，比竞争对手更能扛过寒冬，迎来春天。

企业发展的韧性来源于安全稳定的市场、产品、销售、现金流、供应链、运营、人才、科技等支撑。

2. 人才供应链的韧性

在企业的总体安全观中，除了现金流、科技的安全外，人才供应链的安全也是非常重要的。人才供应链需要高质量、高效率、持续性地运行，有足够的韧性。人才供应链的安全，首先在于人才供应的充足性，包括内部人才供应、外部人才供应的数量与质量，以及供应渠道的有效性、丰富性、持续性。

内部人才供应，更多体现在人才调配、人才培养（如应届生培养、管培生项目、干部培养）、人才梯队建设（继任者计划）等，最终体现应是内部"人才济济"，能够满足企业近期与中长期发展所需。外部人才供应，更多在于外部招聘（应届生招聘、社会招聘）、用工模式（自有员工、外包、实习生、顾问等）。

企业需要找到最适合自身的内外部人才供应模式，并发展出人才供应渠道的组合。然后按照一定的时间跨度，做好人才的规划，并按照目标有序实施：在外部招聘和储备什么岗位、数量多少的人员；在内部培养什么岗位、数量多少的人员，用多长周期去培养。

人才供应链的建设应该是一项常态工作，在总体规划框架下，定期审视进展状况，确保人才的"活水来源"与"库存水平"。人才供应链要尽量往上下游延伸，就是企业的人才需要更早地进行规划与定制，比如与大学、职业技术院校合作，联合、定向培养企业所需人才。企业还可以与上游供应商、下游经销商在人才培养、发展方面开展合作。当然，企业的产业也可以向上下游延伸，在产业延伸的同时也实现了人才的延伸。

3. 人才供应链建设要形成生态

人才供应链的安全机制建设最重要是形成一种生态，这种生态要实现的效果是"近悦远来"。人才供应链建设背后也是企业的人才观、企业文化的建设。

人力资源管理就要起到这个效果，内部员工认同公司文化，不愿意离开，然后你才能吸引外部的人才前来加入。内部是芬芳的百花，才会吸引蜜蜂、蝴蝶等纷飞而至。

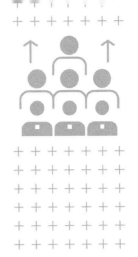

第十章
用时间砥砺、发展人才

人才是在企业的"大熔炉"里被不断磨砺出来的。HR长期主义者会从价值管理的角度看待人才的发展,使人才的价值能够得到长久的发挥。HR长期主义者会不懈地做好人才队伍的生力军培养,确保各层级人才是有安全"备份"的。HR长期主义者还会从绩效评估工具入手,不断牵引人才的能力与职业发展。

一、用价值视角去看待人才

1. 聚焦人才的核心价值

我们选人的时候,是看中了他能给公司带来的价值,但这个价值,可能有多方面,有大有小,有主有次,我们要更关注核心的价值是什么。人才带来的价值,可能是对新领域突破、新技术引入的价值,还有可能是资源拓展、品牌升级、管理提升、组织激活的价值等。

聚焦核心价值,能让我们想清楚、看清楚为什么要招聘这个人,要不要招聘这个人,从而做出更好的人才决策。

2. 关注人才的短、中、长期价值

在大多数情况下,我们选人只是基于目前他能给我们带来的价值,即短期价值,很少去想他能给我们带来的中期、长期价值是什么。我们在招人的时候要想想:这个人,我打算用多久,能用多久?他能给我带来的短期价值是什么,中期价值是什么,长期价值是什么?如果是看重他长期的价值,为了让他持续发挥价值,我们应该提供什么?

最优的情况是,我们对一个人才负责,也对公司负责,就是长周期地发挥他的价值,经营人才的长期价值,使其不断螺旋式上升。

不同的企业发展阶段,需要不同价值的人才,允许价值人才的迭代,但也要保留有长期价值的人才。一般来说,长期的人才价值,往往关乎企业的基因、文化、价值观、历史记忆、技术积累、管理沉淀、重心稳定、创新驱动等因素。要避免那种短周期、断崖式的价值突变，就是一下把人的价值提到高位，一下又打到低位。这对企业、人才的损伤都是巨大的。

3. 时光砥砺，彰显人才价值

那些在公司工作了十年以上的人才，他们发挥了何种价值？他们的价值是在提升，还是在降低（包括内部及外部市场价值）？以上两个问题的追问，可以让我们评判企业对人才价值的经营水平。

人才价值经营得好的公司，这些工作十年以上的人才，其内外部价值都在提升，他们是公司的关键干部或骨干员工，成了公司的中流砥柱、压舱石，也成了外部人才市场中炙手可热的"香饽饽"。人才价值经营不好的公司，可能这些人只是沉淀在公司底层，毫无活力与生气，只是混日子，在市场上更是难以找到工作。

所以，我们要做的，就是用时间去砥砺人才的价值，而不是耗散人才的价值。人才是资本，要使其增值，而非贬值。

4. 用实战场景锤炼人才价值

锻造好钢需要常锤常炼，人才也同样。我们要跨越时间周期去炼人才、用人才，让人才的价值在实践中不断焕发出光芒。我们要充分利用各种实战场景，培养人才的多维度经验，进而持续提升、发挥其价值。有规划地轮岗是最好的历练。比如：总部与一线的轮岗；国内与海外、国内不同区域、海外不同区域之间的轮岗；公司内不同行业、产品的轮岗；不同发展周期的分、子公司的轮岗；不同职类、职位的轮岗……

人才会在这个过程中不断经历"熵增"与"熵减"的循环，变为"钢铁战士""钢铁将军"。铁军就是这样被打造出来的。

二、人才萃取帮助企业构建人才优势

1. 知识萃取

萃取本来是个化学概念，是利用物质在互不相溶的溶剂中溶解度不同，用一种溶剂把溶质从另一种溶剂中提取出来的方法。近些年来，萃取在人力资源培训领域得到广泛应用，主要提法是"知识萃取"。知识萃取，顾名思义就是从一大堆数据、信息、文本、经验中，通过合适的方法和工具，将菁华知识抽取提炼出来。

知识萃取包含对显性及隐性知识的整合、加工及提炼。对经验的挖掘、提炼是隐性知识显性化的过程。复盘、总结等就是知识萃取方法的典型运用。

2. 企业内部人才萃取

既然有形的信息可以萃取，无形的经验可以萃取，那么，对人力资源这种有形与无形的结合体，能否也运用萃取的方法呢？华为提倡人才的选拔制，而不是培养制。即优秀的人才是在企业实践过程中逐渐脱颖而出的。

企业选拔出来的骨干、精英、干部，甚至领袖，他们将得到公司更多的关注和激励，比如优先任用甚至破格提拔，物质、非物质激励上自然也更加丰厚。而这种方法，可以理解为企业人才萃取的一种应用。实践是检验人才的唯一标准。一个人能否成才，需要放到一定的环境中才能鉴别出来，特别是在非常时期、非常事件、非常环境中。

3. 从不同的公司萃取人才

前面讲的是企业内部的人才萃取，企业还可以从外部进行人才萃取，即根据外部不同公司的长项，来搭配自身的人才结构、人才队伍。企业外部招聘就是一种人才萃取的方式，只是大部分企业没有特别有意识地去做而已。

企业的竞争优势来源于人才的能力搭配，而能力是附着在人才身上的，人才的能力通常是在特定的环境中形成的，这种环境就是他的职业经历。我们要找哪个公司的人才，一定要基于这个公司的业务优势、能力长项。

比如，华为强在体系性建设，腾讯强在产品，阿里巴巴强在生态。如果企业想加强公司的体系建设，最好招聘华为的人才；如果想提升产品规划能力，可考虑引进腾讯的人才；而要打造生态，自然非阿里巴巴的人莫属。

这些特定公司出来的人才，受过这个业务领域的特殊熏陶、严格训练，形成了特定的能力优势。就像武侠小说里，各门各派都有其独门秘籍一样。

思维方式和实践经验，你没经历过，是学不来的。你不知道某个东西，没有听过、见过、摸过、做过，自然不会把它做出来。所以我们要招聘那些见过"好东西"、做出来过"好东西"的人，他们能够做出"好东西"的概率才更大。

三、新员工培训的内容

新员工培训，很多企业都会从如下方面来开展：企业发展历程与基本介绍、企业文化与价值观、人力资源政策、财务报销流程、信息安全等。以上这些确实是新员工应该了解的基本信息，但新员工培训应该达到什么目的和效果，值得思考。

我们有必要从长期的角度来思考新员工培训，从而决定培训内容。培训课程的结构是最为重要的。新员工培训的目的是让新员工对企业的文化有深度认知，并牢固打好后续工作的基础（包括知识、技能、意识、思维、素质等）。

1. 播种子：企业的文化与精神

新员工培训，首先要把企业的基因，企业的文化、精神与灵魂进行宣导与传承。文化培训要有直击灵魂的作用，让新员工在心里种下这颗文化种子，能在后续的工作中不断生根发芽、长出绿叶与枝干等。如果用点燃一颗火种来比喻，它还能继续燃烧、传递他人。但要达到传递的效果，就必须要有足够的强度和深度。如果你一开始不能深深打动员工，穿透他的内心，埋下一颗种子，后面就很难生根发芽。

多年前我参加华为新员工培训，大约持续两周时间，内容很多，但印象最为深刻的是连续一周的文化培训。那时候，我们要学习华为的核心价值观，要学习公司的文件，每一项价值观学习半天，要讨论发言，还要写文章；同时，还会请一些老员工、老干部来和新员工座谈。比如华为的以客户为中心，以奋斗者为本的文化，公司会通过各种形式，让员工在各种场景中领悟学习，深深烙在心中，融入血液中，成为一种基因。

企业文化与精神，要用故事来传递，用讨论来激发，用交流来深化。

2. 打地基：职业素养与基础技能

职业化训练包括职业素养与基础技能方面。比如，商务礼仪、办公技能（如何写邮件、做PPT、接听电话等）、沟通技巧、演讲技巧、时间管理、计划管理，以及成本管理意识、质量意识、保密意识、流程意识等。

以上这些基础素养与技能之所以重要，是因为员工都会带到未来工作中去，影响长远。以后你在公司内接触的每一个同事，在公司外接触的每一个客户、供应商、合作方、应聘者等，你的每一个言行都体现着你的素养，也体现着公司的形象。每个岗位上必须掌握的基本功，就是基本技能，最好在入职的时候就完整地进行学习，打下良好的基础。

3. 修河道：有效的思维方式

思维方式的培训极少出现在企业的新员工培训中，但我认为这是极其重要的。原因在于，员工的工作绩效源于工作行为，而工作行为源于工作思维。不同人做事的水平，背后是思维水平的差异。我认为思维方式的培训是新员工培训中技术价值、技术含量最高的。如果能够从思维层面去铺垫好基础，你的员工一定能够持续超越其他企业的员工。思维一旦形成，是受益终身的，比知识、技能更难带走和抹去。就好像一个人学会了一些独门招式，每时每刻都在用，挥之不去，越用越纯熟；又好像修河道一样，一旦修成，水自然会顺着流。

那么，有哪些思维是比较重要的呢？我列举一些，企业可根据自身实际情况进行选用。

逻辑思维：如何进行严谨、有理有据的推理、判断。

创新思维：如何以新颖独创的方法解决问题。

上游思维：如何从根本上预防问题的发生，防患于未然。

逆向思维：如何对司空见惯的、似乎已成定论的事物或观点反过来思考。

客户化思维：如何从客户的角度思考问题，并从客户的角度定义价值。

流程化思维：如何将思考从整体展开到局部，将相关的流程步骤及内容进行梳理，并迭代升级。

长期思维：如何从更长时间周期、从长远目标与价值来思考与决策。

灰度思维：如何打破非黑即白思维，开放、实事求是地进行思考与决策。

四、如何做好人才备份

1. 团队负责人要做好内部人才备份

作为公司内一个团队的负责人，我经常思考一个问题：如何为我的团队做好人才备份？有这个想法，可能是源于我的个性中对微小的变化比较敏感，对有风险的事情有着天然的不偏好。我总认为，自己要为团队潜在的人才变动或流失风险提前做好准备。人无远虑，必有近忧。预则立，不预则废。所以，在五年前我担任一个十余人的人力资源团队负责人时，就开始思考并尝试解决这个问题，并取得了非常好的效果。当我管理的人力资源团队达到150多人时，仍然不断思考与践行。

2. 横向的人才备份

横向岗位的人才备份，就是同一层级的人才是可以相互备份的。比如：经理级/主管级的人才相互之间是可以实现备份的，专员级/助理级的人才相互之间是可以实现备份的。具体的方式上，我采取了以下措施。

（1）轮岗：对在某岗位上工作满一年的人员，在评估其能力、征求其意愿后，定期进行岗位轮换。

（2）一人兼多模块：在经理/主管级，我通常让一个人兼着2~3个模块，或者兼着HRBP的角色，这样他们就具备了工作经验的多样性；专员/助理也可兼着支持或协助多个模块的工作。

（3）项目工作相互支持：当一个模块的同事有大颗粒的项目时，会请其他模块同事在某个时间段重点进行支持，这也有利于同事间了解彼此的工作。

（4）轮流培训赋能：让不同模块的同事分别给整个团队进行赋能，这个赋能更多的是其岗位相关或其擅长的工作，可以利用部门例会的时间组织，或组织专项赋能会。

3. 纵向的人才备份

纵向岗位的人才备份，就是每一条职能线或专业模块上，下一层级的同事可以接替上一层级的同事。比如，实习生可接助理/专员，专员/助理可接主管/经理、经理可接总监、总监可接副总等。确保一条职能线或专业模块上都是可以往上承接的。当然，由于各个层级、岗位的人数不是一一对应的，会出现N对M的情况，比如一个组织有3个经理/主管、2个专员/助理，那就看这2个专员/助理能否具备条件承接任意一个经理/主管的岗位。

基于以上纵向的人才备份要求，我们需要就每个岗位进行审视：你下一层级的人能接替你的工作吗？这样就会迫使你思考如何进行人才的选拔与培养。

那么，纵向的人才选拔与培养有哪些好的做法呢？

（1）外部或内部招聘的人才标准：在招聘的标准中，除了其他任职条件满足，可加一条"他未来能不能接上一层级的岗位，他是否具备接班人的潜力？"，如果判断是肯定的，那就可以录用，如果不行就建议不录用。

（2）上一层级人员要有"传帮带"意识及相关动作：在日常工作中不只是安排下属把事情做了，而是要做好充分的辅导，通过辅导提升下属的思维能力、经验水平。

（3）跨层级也可进行赋能：在工作安排上一般不要跨层级，但在以下两件事情上是允许的，一是对员工正向行为的称赞表扬；二是对员工的赋能（比如提示一下员工在哪些工作上可以做得更好），这种"降维""跨级"的能力辅导往往更有效果，因为能量更大的间接上级可以传递给员工更多的能量。

（4）上一层级不在岗时，下一层级可以暂时代理：比如上一层级人员请假/休假，都可以让下一层级的人员暂时代理其工作，让其积累上一层级工作场景的经验。

4. HR 长期主义者要推动公司做好人才备份

作为一个公司的人力资源负责人，你需要思考的是如何帮助公司做好管理干部、关键岗位员工的人才备份。这是一项更具挑战性的工作。在和 CEO 及各部门负责人讨论人才问题时，我通常会提出一个问题："你认为这个岗位上的××，谁能接替他的工作？"通过这个简单的提问，触发管理者进行思考，然后我会进一步和他讨论如何挑选这个岗位可用来备份的人才。在外部招聘时，我也会问："你觉得这个候选人进来后，他可以做谁的后备？"由此，我会和他讨论这个团队应该挑选什么样的人才才能使组织更健康且可持续。

当一个组织能够做到每一个关键岗位都有横向、纵向的人才备份，那它一定会是一个人才济济、兵强马壮、欣欣向荣的组织。未来一定是可期的。

5. 什么是外部人才备份

外部人才备份，即在外部储备可以接替内部人员的人选。这就是战略性人才储备，要求企业提前做好外部人才的筛选、评估、记录，并在一定程度上就其进入公司后的定位、职位达成初步共识，进行不同程度的关系维护，以便在公司需要相关人才的时候能够及时邀请其加入。

大多数企业，面试过的人才就如同手中的流沙，不断流失，永不复回，这其实是极大的浪费。招聘面试的产出不仅仅是被录用的人员，还应该思考：那些条件优秀，但暂时没有合适机会合作的人才，以后是否还有可能合作。这些人才很可能在未来的某一刻，就可以派上用场。所以，我们需要持续对外部候选人进行面试评估，形成人才库，同时不断激活、复用人才库信息，不断挖掘、发挥其价值。

这是个细水长流的活，但价值巨大。建议企业尽早引入招聘系统，建设人才库，这是有利于企业长远发展的事情。

6. 如何与团队说明人才备份

关于做人才备份的事情，是否需要向团队员工说明？我认为是需要的。

比如，我会对自己团队的员工这样解释："从公司的角度，我们必须做好人才的备份，因为要确保公司在人才领域的安全性、可持续性。这是作为管理者，我对公司的责任，包括我自己，都需要寻找能备份的人选。公司追求的目标，是要提升每一个人的可替代性。"

"但是，从你自身、个体的角度，建议你在培养自己的备份人选的同时，也要尽最大努力做到不要完全被备份，你要尽量使自己变得稀缺、不可替代，这样你在组织中才是更有价值的。个体追求的目标，是要降低每一个人的可替代性。个人要力求使自己的市场价值不断得到提升，且在企业内的价值不断提升。"

以上两者存在一定的微妙博弈关系，但是从长远来说，两者的方向是一致的。公司和员工都希望公司整体和员工个体变得更强。无疑，人才备份会提高员工的危机感，让他们不断努力，确保自己不会被替代，同时激励他们不断提升自己，成为上一层级岗位的备份者。

人才备份其实是驱动员工不断学习进步、提升能力、积累经验的有效手段。人才备份也是不断提升组织能力、人才竞争优势的有效手段。如果能充分用好人才备份，会在组织内形成力争上游、人人争先的氛围，充分激发组织与个体的活力。

五、给组织培养"三代人"

公司研发部门负责人给我看了一张同行企业对外公开发布的产品研发的规划图，在这张半弧形的规划图上，该企业把自身研发的若干产品分在了三个区域，并由内而外分别写了三句话：推广一代、探索一代、培育一代。

1. 没有发展路径，就难以激发员工信心

由以上提到的产品规划图，我们可以清晰地看到，该公司对自身产品有着较为清晰的短中长期规划，让人一看就觉得层次清晰、思路明确，不仅能够看到企业目前在市场上的活跃产品，也知道了它正在开发，下一步将推出的产品。我想，这张图无论是企业内部员工，还是外部客户、合作方、投资方看到，都会对企业信心倍增。最为宝贵的，我觉得它体现了企业对自身发展路径的思考，这个发展路径如果是符合商业、行业、专业逻辑的，就很容易让人信服。有清晰明确、经得起推敲的发展路径，并按照这条路径一步步扎实往前走，能够大大激发、提升员工的信心。

有的企业可能有远景规划，但往往是一个笼统的想法，没有在现状与未来理想之间架起"桥梁"，也就是别人看不到你的关键路径规划，这样是很难让人相信你能够达到那个目标的。只有结构化、演进性的目标规划，才能提振人心，说服人并影响人。

2. 基于作战能力的"三代人"培养

不仅企业发展规划如此，人力资源的规划也是如此，我们应该规划"三代人"，概括来说，就是"作战一代、备战一代、培战一代"。

作战一代：是正在发挥中流砥柱作用的人，是目前的作战主力，作战能力是最强的，作战经验是最丰富的，是"来之可战"的。

备战一代：是已经一半涉足或投身于"战场"，在热身"备战"，随时可以上战场。这一代具备一定的作战能力，目前可能在二线，但如果需要随时可以上一线，打一次大仗就完全成熟了。

培战一代：是没有进入战场，但是正在学习、训练的群体。他们正在培养作战意识，学习作战知识与技能，有潜力但能力与经验还不足。

每一家企业以及企业里的每一个部门与团队，都应该有人才规划的布局，按照人才作战力的高中低进行排布，逐层往上培养，随时能接替上一层的工作。人才梯队的培养，是对一个管理者的要求。有这样意识的管理者是有规划力的管理者。能够把这种规划坚定地推进落地的管理者更是难能可贵，堪当大任。

作为公司的人力资源负责人，无论是 HRD、HRVP 还是 CHO，都应该有人才的全局规划观，和 CEO、业务高层进行深入讨论，达成共识，把它变成一张具体的人才规划图，分解为业务管理者及人力资源工作者的年度、季度、月度关键举措，并定期监控、推进落地，才能切实取得成效，支撑起企业的中长期发展。

六、谷歌更新绩效评估方式带来的启示

2022 年 5 月开始，谷歌更新了对员工的绩效评估方式，以下是 Google 发布的官方全文（翻译版）：

Googler Reviews and Development（GRAD）

谷歌一直专注于成为一个让员工能够建立和发展自己事业的地方——从你作为员工开始工作的那天起。

从 2022 年 5 月开始，我们将采取一种名为 Googler Reviews and Development（GRAD）的新方法，该方法将在一年中关注员工的发展、学习和进步。

如果你最终加入了谷歌，GRAD 是你和你的经理在你的职业和进步方面的工作方式。

长期以来，我们一直有一个绩效管理和晋升过程，其中包括更正式的审查和评级，每年两次。我们谷歌的人事团队与整个公司的领导和合作伙伴在全球范围内合作，看看我们如何能够发展这些流程，以帮助我们的员工完成他们职业生涯中的最佳工作。我们审视了一切，从员工反馈开始，还包括研究行业最佳实践和我们所学到的关于如何设计公平性和一致性的流程。

以下是我们更新系统后的几个示例。

期望、反馈和检查：为了在最重要的工作上保持一致，员工和经理将在期望上保持一致，并在全年进行反馈和检查。其中一次检查将集中在谷歌的学习和职业发展方面。

晋升：晋升将每年发生两次，我们将继续投资于新的方式，让谷歌员工通过内部流动来发展他们的职业生涯。

审查和评级：绩效评级将每年进行一次，我们新的评级标准将反映出大多数谷歌人每天都会产生重大影响这一事实。

GRAD 这种方法将帮助员工在发展他们的职业时保持对最重要的事情的关注，因为我们将继续为世界各地的人们提供有用的产品和服务。

谷歌的这个举措引起了 HR 界的热议。谷歌的这个改变带给我们哪些启示呢？尤其是在目前中国众多企业，还在学习英特尔、谷歌等企业原来一直推崇的 OKR 目标管理方法的情况下，这个启示显得尤为重要且有意义。

1. 更大力地鼓励员工进行价值创造

谷歌指出，这项新举措将反映出大多数谷歌员工日常产生的实际影响力。

根据报道，这套系统将员工影响力划分为颠覆性影响（transformative impact）、杰出影响（outstanding impact）、重大影响（significant impact）、中等影响（moderate impact）、影响不够（not enough impact）5个档次，意在衡量员工在谷歌内部到底发挥了多大的作用。从这里可以看出，谷歌其实在鼓励员工进行价值创造。价值创造的体现是你给周边带来了多大的影响，包括内部的影响与外部的影响。从影响力可以看到你所创造的价值的意义。

价值创造是由内而外散发出影响力的，你的价值只能由外部来评价，包括内部客户、外部客户。那么，为什么不直接评估结果，而是评估影响力呢？

这和谷歌本身的行业领先地位密切相关，谷歌目前在技术领域已经进入无人区，即使是公司领导，也不能穿透未来的迷雾预测未来。未来还是混沌与未知的状态，所以不能事先定义具体结果，而是以其结果造成的影响来反定义。看不准的情况下，你只能交给时间与实践来检验。

2. 颠覆性创新不适合短周期评价

探索性、颠覆性的价值创造，其评价周期的颗粒度不能太小，不能一个月、三个月甚至半年可见成效，可能最少一年小有成效，两年有一定成果，三到五年才能大有成果。所以，这些探索性、颠覆性的创新项目，其评估周期不能过于碎片化，不能被追求短期成果的绩效评估方式所干扰。由此，谷歌把绩效评估周期由半年转为一年也就容易理解了。

基础研究、创新研究是需要付出更长的时间周期的，因为它需要分析、研究、论证、验证、试错、回归等过程，是一种灰度式前进的过程，因此，其时间并非可以量化地切割到小片段。可能经过很长的等待期、摸索期之后，却在极短的时间内获得重大突破。

3. 颠覆性创新往往发端于个体

颠覆性、变革性的创新更多是源于个体，而非源于群体。

个体才是人类所有重大颠覆性、变革性创新的发源地，而不是群体，群体更多是渐变式创新，而非跨越式创新。而且，群体很容易淹没、拖累、扼杀个体的创新，因为群体趋同的影响，会有无数条无形的绳子把创新的个体往回拉，拉回到主流的常规轨道中，不能轻易"脱轨"，这对于个体的颠覆性创新无疑是一种悲哀。

所以，在谷歌的绩效管理中，我们看到企业把员工评估的权限归于管理者，而非周边同事。因为员工的绩效贡献、价值创造成果，只有直接主管或间接主管更为了解，他们更能近距离观察、辅导与评估。这种评估方式减少了周边的影响，减少关注力分散，而回归到个体本身，更提倡个体的原生性创造力。这是保护个体性创新的体现。

4. 员工能力发展是绩效的元因素

企业要取得经营业绩，其支撑是员工群体的绩效成果，而绩效结果的背后是员工的技能/能力提升。所以，员工技能/能力是更具根本性的元因素。

谷歌把新绩效评估方法称为 Googler Reviews and Development（GRAD），该方法将关注员工的发展、学习和进步——这就是回归到根本，个体技能/能力的提升，是源头之水。谷歌一直在营造创新的生态环境，这是一种花园式的生态，组织提供土壤和雨露滋润，员工各自生长，组织像园丁一样照料，目的是使其能更好地生长。在这个花园里，个体各有特色，各自高贵，各有各的生长路径。这样才能营造百花齐放的满园盛况，花香才能外溢、飘散。这是价值创造的芬芳。

5. 评估周期的进化

谷歌现在的绩效评估其实是经历了漫长的过程，最开始是 3 个月评估，经过一段时间的运行后,员工反馈花在绩效评估上的时间过多,经过内部调研并改进后,改为 6 个月,再经过调研及改进,改为当年 5 月开始的 12 个月。其目的,一是不让管理者和员工为了绩效评估这个动作花费过多的管理成本,其次是让管理者和员工关注最重要的事情,把时间花在最重要的事情上。

绩效评估属于一个管理动作,确实需要有一定形式作为载体,无论是填写评估表,还是召开评估会,都需要时间,这个时间是员工、管理者、HR 都需要付出的。在这个时间段内,员工的绩效创造活动,其效率是有一定降低的,无论是时间分配,还是个人关注度、积极性,都会分散。很多员工都等待绩效评估这一关,过了这一关之后,松一口气,再过下一关,这样一关关地过,是会有状态切换成本的,人的能量是会损耗的。其次是视距问题,短视距下你看到的问题是脚下的一些颗粒度很小的东西,而长视距下你看到的是另一番情景,是颗粒度更大的东西。延伸一下,华为的绩效考核是半年度一次,和很多公司的季度、月度考核有差异,其实也蕴含了这个道理:不要把过多的时间和精力耗在做绩效考核上面,而且考虑事情的维度不要过于短期。

我知道一家非常知名的上市公司,无论高管还是员工,考核都以月度为单位。可以想象,组织一次考核所花的时间(填写表格、评分、沟通等)几乎有半个月,那么一年当中,有 50% 的时间是在做考核。这样的话,组织内就没人去思考中长期的事情,只会盯着这个月要出一点活,不然绩效就没戏了。

6. 过于关注短期,必然损害长期

谷歌的绩效量表也经历了一个变化的过程。从开始 1.0 ~ 5.0(有一个小数点)的 41 级量表,到简化为 5 级的量表。这是经过了由繁到简的过程,因为他们经过大量数据的分析,发觉诸如 3.1 和 3.2 之间,并没有明显的不同,也没有起到好的"区分"作用,所以就做了大幅简化。而在评估标准方面,从绩效评估以"符合期望程度"为标准，以及以"是否杰出"为标准，再到"是否有影响力"为标准，分别经过了以组织标准为参照物、以个体标准为参照物，再到以影响力标准为参照物，是一个进化的过程。

我认为谷歌的价值判断越来越合理，但还不是最合理的。因为"有影响力"不一定对客户、对社会有价值，谷歌是一个商业组织，要为客户提供产品与服务，所以最合理的应该是基于对客户的价值，包括外部客户与内部客户。从这个角度上讲，谷歌的影响力评估维度还有进一步优化的空间。

7. 过程管理机制的"保驾护航"

谷歌能把 3 个月的绩效评估调整为 6 个月，再调整为 12 个月，是有着坚实基础的，很多公司没有这个基础，就会造成一放就散的局面。

谷歌有三个好的过程管理机制：

（1）即时反馈机制。就是把沟通辅导的动作放在平时，是随时进行的管理动作，即时的反馈比 3 个月、6 个月、12 个月的阶段性反馈效果好得多。

（2）举证机制。谷歌的绩效评估不是罗列一年中的所有事项和绩效成果，而是列举关键项目，包括员工在项目中发挥的作用、创造的成果与价值，而评估者要列举他对这位员工、这个项目的了解程度，然后给出评价。

这种以关键项目成果与价值为基础的评估方式，确保了在绩效评估过程中更加聚焦，更看重员工给组织带来的非常规性、增值的工作，而不是常规性的、非增值的工作价值。

这和华为的绩效评价机制有异曲同工之妙，华为的年度、半年度绩效评价已经建立在项目评价的基础上，就是员工参与项目过程中，会有项目评价结果，而该结果会成为年度、半年度绩效评估的一个输入和参考。该项目评价中有项目的场景与等级、员工在项目中的角色、为项目所做的贡献、项目经理的评价，这些都为管理者给员工的绩效评价提供了坚实的依据。

（3）绩效校准会。就是虽然只是年度的评估（之前是季度或半年评估），但是会有相关人员参加，进行较长时间的绩效校准。

谷歌的一场绩效校准会长达数小时，会综合参考内外部环境对员工绩效的影响（避免"乘便车"现象）、不同相关者的看法（避免单一视角）、评价周期内各个阶段员工的表现（避免近因效应）等，进行深入细致的讨论、分析与校准，使员工的绩效评估更为准确、公平。

通过以上的过程管理动作以及谷歌多年推行绩效评估的实践，谷歌把管理者、员工的绩效管理意识与能力都提升到一个高度，加上谷歌本来的人才素质就非常高，这为公司推行更为科学的绩效评估机制提供了良好的土壤，这也是公司推行周期更长、更有弹性的绩效评估机制的前提条件。

最为关键的，我认为，谷歌的绩效理念"关注个人成长而不是评分和奖励，以此改善绩效"是根本，没有这个共识的基础，管理者和员工都会埋头于日常的管理动作，为管理而管理，就不可能收到良好的绩效提升效果。

8. 从着眼过去，到着眼未来

从这次谷歌更新绩效评估方式的举措可以看到，它是淡化绩效，而强化发展的。绩效是基于过去的，而发展是基于未来。去绩效化——把若干绩效考核的环节去掉，用什么进行替代与"补位"呢？是用多频次的员工能力发展的过程管理动作。谷歌在深植一种"认可"的文化，这是符合人性的。

人对有反馈的工作会有更强烈的动机。人从进化开始，就有强烈的归属于、融入于某个群体的需要。人的行为动机由此产生。员工如果获得了所在群体的认可，特别是直线领导的认可，他会在群体中有安全感、归属感乃至幸福感，这对于他的工作状态保持是至关重要的。

谷歌的绩效评估动作虽然减少了，但对员工能力发展的辅导、反馈并没有减少，反而是增多了，更加及时了，变成了即时动作、常态化动作。绩效辅导越及时，效果越好；绩效辅导越延迟，效果越差。回归员工发展，就回归了纯粹，回归了绩效的源头——员工的积极性与能力提升，简言之，就是员工的能量提升，同时，把员工的外在刺激动机变成内驱动机。

9. 评价"灰度化"，而非"结果化"

谷歌新的绩效评估方式是基于"影响力"而非"结果"；影响力不如结果那么可量化、精确化，这其实是一种"灰度化""模糊化"的评价。

有的时候，员工创造性工作的价值评价是难以量化的，这就是技术研究、科学研究工作的意义所在。越是不可量化的东西，越是定性的东西，价值可能越是无限。无形的东西影响最为长远。我们可以切身想一想，假如自己是谷歌的一名员工，公司用"如何发挥你的影响力"来牵引你，你会受到怎样的触动？无疑，你会尽量给周边、给外部创造价值，这其实增强了价值创造的张力。新的绩效管理发展趋势是走向长期主义，并平衡短期与长期的需求。工作的困难度更高，需要更长的周期去看其成果及影响。

所以，谷歌是把创造价值的时间还给员工，营造了一种自下而上的有利于创造性生长的土壤。

10. 消除冗余，方为艺术

谷歌把绩效评估频度从两次变为一次，把两步并为一步，其实一次的严肃性比两次更高。谷歌把绩效评价与薪酬包的分配权也交给了直线经理。再结合较早前，谷歌把41级的绩效评价量表变成通用的5级，并允许直接主管灵活采用不同的等级，如3级、4级或6级。

由简入繁，由繁入简，似乎是一个规律。毕加索曾说过："消除冗余，方为艺术。"不仅艺术如此，管理也是如此。毕竟，管理既是科学，也是艺术。

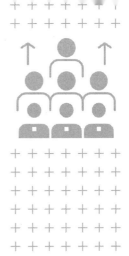

第十一章
干部任用与职业经理人价值发挥

　　绝大多数企业都说自己缺干部,这其实是因为没有从长期主义的角度来构建干部任用机制。HR长期主义者会牵引组织做好干部任用的规划、干部任期价值的管理等。引进职业经理人是一把"双刃剑",需要握得好、使得好,才能披荆斩棘,否则就会遭其"反劈"而伤己。

一、避开干部任用的坑

企业在干部任用方面存在很多"坑",如果"踏坑"成为一种常态,企业在商业上的成功也会存在很大的变数,甚至危机。

1. 用人,不要折腾

和朋友沟通,慨叹某公司某业务这几年来历尽沧桑、像坐过山车起伏不定,管理层平均每年一换,一副好牌被打得不成样子,让人痛心。举棋不定,下棋必悔——这是该公司战略层面、用人层面的一大弊病。

"一朝天子一朝臣",当看好某个人的时候,所有资源都无限投入;当看衰某个人的时候,所有资源都快速退场。看一年就失去耐心,这是该企业领导用人的致命短板。

人才留不住,经验沉淀不下来,形不成牢固基础,积累不了竞争优势。看着竞争对手赶超的局面,只能采用外围救援的方式——资本运作、并购,但这样是否能起到真正的护城河作用,能否建立起自己的核心竞争力,能否持续赢得市场竞争?这些问题,还有待时间的考验。

但在干部任用上,确实可以进一步改进。在不确定性的环境下,可以做一些确定性的事情。干部任用上不折腾,是企业的主动选择。

2. 做好干部任命的规划

当进行干部提拔、任命的时候,要做好任命后成与败的两方面规划。因为把一个干部任命到一个岗位上,可能是成功,也可能是失败的,而且成败的比率 50∶50 很常见。企业不仅要规划成功后的安排,也要规划失败后的安排，不仅要规划一步，还要规划两步、三步。

他第一年没有取得成功（倒退、保平或者只是清理了历史问题）、取得一些小成功、大获成功……不同的情况，要分析根本原因，再做下一步安排。主要是要分析清楚底层的逻辑，组织的发展阶段需要什么样的领导，这个领导是否符合，能否完成阶段性的使命。公司可以与干部签订协议，形成契约化基础上的共识。

干部任期，三年是基本的要求。不要轻易去任命一个干部，除非你有足够的把握，一旦任命之后，就要给足够的时间让他整顿旗鼓，逐步崛起。不要轻易否定一个干部，除非你做好了组织与人才匹配性的充分分析。

3. 提倡继承式创新

我们提倡继承式创新，要继往开来，不要推倒重来。

干部上任后，既要看你创新了多少，也要看你继承了多少。这两方面都需要评价，才是全面客观的。不要因为更换了领导，所有都推倒重来。好的、成熟的管理机制要继承，而且要看继承与发扬的情况。良好的继承也是任期的业绩。不要随意变革创新，因为它一方面会浪费管理变革成本，另一方面会撕裂组织周边及上下游关系。

要做继承式的创新，而非破坏式创新、折腾式创新。随意开"脑洞"就带着组织去"踏坑"，是很可怕的。

4. 干部培养价值的回收

对于干部，如果企业已投入了训战的成本，通过历练把他培养出来了，他在此过程中积累和沉淀的经验，已经产生了某些独特的价值。这是用金钱和时间累积起来的一种投资，应该让这种投资产生应有的价值和回报，而不是把它作为一种沉没成本浪费掉。

干部的培养成本分析、培养价值回收管理，是一个重要的命题。即使干部在某个岗位上不算成功，也可以根据其能力情况，放到一个稍低一些的岗位上，而不是直接清理出局。对干部的任期成果评价要拉长，对离任后三年的成果也担责。干部离任后三年的考核内容，应有不少于20%是与上一个任期相关的，以牵引干部的中长期意识，不给继任者埋坑，而要给继任者种树。

二、干部这样任用才有效

1. 制衡约束的必要性

要有干部的制衡约束机制，特别是对各层组织的"一把手"。这个机制根本上是为了让干部能更好、更长久地发挥价值。如何建立干部的制衡约束机制？

比如：在企业中设立党组织、道德约束组织（如华为的道德遵从委员会）；建立正式的审计部门、监事组织进行约束；在经营班子搭配的时候，在人员配置上能够形成一定的制衡格局；建立集体决策机制。

集体决策是一种有效的机制，我见过运作得最为彻底、有效的是华为的 ST（staff team，业务管理团队）和 AT（administration team，行政管理团队）组织。华为的 AT 主要讨论人事问题，比如干部任命、奖金股票评定等；ST 主要讨论业务问题。华为每一层实体组织每个月都要开这两个会，在会上就阶段性重要人事、业务事项进行讨论决策。管人的 AT 团队的决策机制是"从众不从贤"，是民主集中制；而管事的 ST 团队的决策机制是"从贤不从众"，是首长负责制。

这样的安排是科学的，因为对人的评价特别复杂，容易从个人的角度去评价别人，不够全面，需要由集体来决策；同时也可以避免任人唯亲、拉帮结派。而对业务的决策，往往越是高位的人（首长），对业务全局掌握的信息越多，整体判断力越准确，因为他是对组织整体经营结果负责的，基于责权利对等的原则，业务决策采用首长负责制是较为合理的。这两个会议的纪要，需全部参会成员审核确认并签发留档，还要录音存档备查。会议决策的后续工作必须落实到具体的责任人，并严格跟进落实。

2. 品德（价值观）与能力并重

任用干部要品德（价值观）与能力并重。

品德不行或价值观不符合，但能力强的干部，不能任用。这样的干部对组织的损伤非常大，是一种潜在的损伤，即对公司的用人导向、组织文化、周边协同的影响。品德不好的干部的私心、不良价值观，会像干扰器一样，一直发送负面频率，让组织不得安宁，并造成深远的不良影响。

能力方面，应是建立在以往成功经验基础上的，而不是指综合素质。素质是没有被实践检验过的，而能力是外显的，在实践中有过展现，得到过检验的。

基于此，组织应大胆提拔在中基层岗位做出过业绩的年轻人，让他们更早在重要的岗位上发挥出价值，他们的冲劲、创新会给组织带来新鲜的活力。这也能够为组织提前准备好人才梯队，而人才梯队问题关乎组织的生命。

3. "之字形"还是"火箭式"发展

要规划好干部的发展路径。通常来说，干部是"之字形"发展，这样锻炼出来的干部能力更综合、经验更丰富。但也不要全是"之字形"发展的干部，还可以有"火箭式"发展的干部，就是要有一定比例的破格提拔。有些能力超群、业绩突出的年轻干部，适合快速提拔，帮助组织不断打开新的"城墙口"，他们的魄力、能力一鼓作气发挥出来，给组织带来最大的价值。

组织中应有80%～90%的干部是"之字形"发展的，10%～20%的干部可采用"火箭式"发展路径。

4. "守正"与"出奇"的干部

注意区分职业化、稳健型干部与走"快路子""野路子"的干部。一个是守正、一个是出奇。这都不要紧，最主要的是要有一心把工作干好的念头。

干部要有闯劲、敢开拓、敢创新，但又不能失控。进取中有稳健，创新中有沉淀。守正与出奇并用的干部，也许是最好的干部类型。

三、善用领导力的级差效应

很多公司都抱怨内部缺乏执行力，殊不知执行力可能是由深层次的因素决定的，更多的时候是由高层的治理结构决定的。

1. 组织需要有一个强有力的领导核心

最近听一个同行提到，其公司领导层没有权威感与影响力，导致公司整体执行力、协同性不足。究其原因，我了解到，该公司老板比较放权，较少参与日常管理，而下面几个分管领导量级差不多，形成了一种"分权而治"的局面。这种局面虽然从表面上看比较均衡，但是缺少了一个中心，一种凝聚力，团队没有拧成一股绳，合成一股力。

我们纵观成功的公司，都会有一个强有力的领导核心，有一个绝对权威的领导人，比如华为的任正非、腾讯的马化腾、字节跳动的张一鸣、格力的董明珠等。

除了这些标杆企业，再看那些发展得比较好的独角兽企业、中小型企业，大多遵循如此规律：有一个与其他人明显拉开差距的领导人，他的格局、魄力、专业造诣、能力等综合起来，远在其他人之上。这样的组织有明显的向心力，人心比较安定，群体会进入一种围绕核心运作的稳定有序的状态。

2. 围绕核心进行圈层排布

首先是人数规模较小的紧密圈层，然后是规模稍大一点的次紧密圈层，再是规模更大的宽松圈层……一层一层环绕出去，就形成了一个组织生态。如果我们为组织选拔一个领导，无论是一家企业、一个部门、一个团队，都要注意形成一个明显的级差，就是选拔出来的领导和下一层级的人员有明显级差，而且这种级差是不能轻易弥补的，可能是地位、气场、能力、经验、专业上的，最好是若干因素的组合。

当然，这个领导还要有一种能力，就是号召、驱动整个团队的能力，他有足够权威，能服众，其能量能影响整个组织及组织里每一个人。只有这样，才能保证组织的稳定与高效，并持续往前发展。

选拔出这个领导，接下来要帮助他构建一个个圈层，每一个圈层要有若干能量级差不多的人，紧密圈层的人数少一些，比如几个副总裁；中圈层的人数多一些，比如各部门负责人；外圈层的人数更多了，比如团队负责人及骨干。当开展管理岗位的内部竞聘时，也要注意这个级差效应，就是选出来的人是能和其他人拉开综合性差距的。如果不是，后续很容易进入难以管理的局面。在选拔出这个管理者的初期，要特别注意帮助管理者树立、增强这种"级差"效应，让他建立起应有的威信，形成比较好的"权力格局"，这样才有利于组织的后续运行。

3. HR长期主义者要为组织长远谋划

以上讨论的内容并非权术，而是遵循了组织运行、群体特征、人性特点的规律；遵循规律而行，才能有好的效果，否则组织会在反复折腾中丧失很多发展的机会。人力资源工作者要有长期主义思维，当构建一个团队，选拔一个领导岗位，搭建一个班子时，就要为这个班子的长远发展负责，对这个组织中的每一个人负责。

古语说："不谋万世者，不足谋一时；不谋全局者，不足谋一域。"那么，为了组织能稳定发展、高效运作、长治久安，我们必然要有长远与全局的考量、规划与安排。

四、做管理，要纯粹

在多年的人力资源管理工作中，我发现很多管理者在做一些管理动作时，往往会掺杂很多种动机，结果把一件事情搞得异常复杂，效果却不尽如人意。

1. 复杂的管理动作

例1：某员工转正的时候，业务主管不是直接告诉对方可以转正，而是说对方其实达不到转正条件，这次是给予了特殊的照顾，所以是"有条件转正"，并要求对方未来两个月内要完成某某项目，否则还是会被开掉。

——假设你是被沟通的员工，你会怎么想，怎么做？你会不会利用这两个月的时间做好准备，或者干脆等转正后被优化，还可以获得N+1？

例2：某管理者给予某员工晋升或调薪等激励，双方沟通的时候，管理者简单讲完激励的事情，然后用了很多时间给员工安排了一件很重要的工作，希望对方接下来全心投入，务必获得突破。

——员工在想，那上面这个激励算是对我过去绩效的认可与奖励，还是对接下来要干的"大事情"的"预支"？

例3：某公司出台一个项目激励政策，想达到多个目的，所以在政策内容中设计了很多"圈套"，既想项目能拿下，又想获得较大收入，更想保证充分的利润，还要收入的可持续性，同步想控制过程成本，还要继续考虑尾款回收……若干杂七杂八的念头都掺杂在里面，搞得一项本来很简单的激励政策，变成一个大杂烩，不知道其实质是什么。

——太多的重点就是没有重点，让人看不清导向，这样能起到激励效果吗？

2. 管理的目的要纯粹

做管理工作，有一个基本的原则，就是目的要纯粹，这样才有强化的效果。不要想在同一件事情上掺杂太多的目的，不然就分散了重点，变得"四不像"。

我们每个人都想提高效率，办一件事情，同时达到好几个目的。皆大欢喜当然很好，但要考虑受众（员工）能否领会你的意思，他的感受是怎样的，而不仅仅是管理者的美好愿望。比如，你要感谢人家，就真心实意地感谢，而不是嘴上说着感谢的话，怀里还揣着另一个目的，然后接着一个"但是"，提出意见或要求，那么前面这个感谢就显得很功利，变得淡而无味了。同样，那些伴随着条件的激励，是很苍白的；为了索取而激励，功利性太强，由于掺杂着多重动机，不纯粹，自然效果不会好。

3. 管理如何达到纯粹

我曾经看到一些领导，为了达到一个背后的目的，设计出若干"过渡动作"，绕了一个大弯，甚至不惜"制造"出一些新的组织，或动用更多的资源，只是为了达到一个目的——在不远的将来把某个人"干掉"。

弄得这么复杂，有必要吗，有效果吗？还不如直接和对方沟通，不要继续合作了，这样来得痛快，也赢得对方尊重。其实明眼人一看就知道怎么回事，完全用不着大费周章、暗度陈仓。这种复杂操作反而让人不信任这个领导。这些小动作，最后都成了众人背后的笑话。

如何达到纯粹，就是一码归一码，去繁就简，去伪存真，直指目的；最简单纯粹的管理，是最好的管理。

五、职业经理人不是救世主

1. 什么是救世主心态

很多职业经理人到一家新企业，特别是民营企业、创业型企业，看到这家企业的种种问题，以及老板、股东等对改变企业现状的强烈愿望，都会产生一种心态——救世主心态。

什么是救世主心态？我是来救你们的！救你们于水火之中、危难之中、无解的局中、无边痛苦中！我能够帮助你们重构现有体系，帮助你们成功转型，走上康庄大道！

先不说来者的理论模型是否正确或可行，我觉得首先在心态上可能就进入了一个误区,就是这个救世主心态。

其实,哪有什么正道、歧途,只有适合自己的道路。别人在走的,也许就是他的正道;你的正道,对他人来说,可能是歧途。不要把自己的道路强加在别人头上,尊重差异性,尊重他人走有自己特色的路。

2. 救世主心态的根源与问题所在

职业经理人的救世主心态,其产生的根源是什么,以及问题出在哪里呢?

(1)出身大企业的光环、实践及成功经验。以大企业规范化的"打法",对照其他中小企业,自然这些中小企业就相形见绌,所以职业经理人就产生"指导你们"的心态。很多时候,职业经理人的成功经验,只是该企业的成功经验,并非职业经理人本身的成功经验。

(2)理论构想上的成功与实践落地的差异。职业经理人进入一家新企业的时候,看到的只是片段、表面的问题,还没有深入探究,看看企业存在这些问题的根本原因是什么,而是很快地构想自己的工作思路与方案,比如没加入企业之前或刚加入两个星期,就确定了未来一年自己要干的重点工作,撸起袖子,埋头开干了。职业经理人却没有了解一下,企业是如何发展到现在的状况,以前做过哪些努力与实践,取得哪些成功经验与失败教训,有哪些是需要继承,哪些是需要调整,哪些是需要升级,哪些是需要重建的。

越是年限长的企业,越需要了解清楚它的前世今生。

(3)没有摸清在这家企业如何开展工作才有效。也就是在这家企业的特定环境中,如何才能"成事",成事的路径、方法是什么。每一家企业都有其独特的文化、做事方式,你只有尽量顺流而行,才能把事办成。这确实需要用心观察、体悟、实践、验证,逐步总结。

职业经理人自己的角色定位是至关重要的。你的角色定位决定了你的工作态度与工作方式、方法,进而影响你所做的事情及效果。有时候,是职业经理人,是我们自己,把自己抬得太高了,同时也抬高了企业老板、股东们的预期，如果我们能放低一些姿态、把预期调低一些，也许能更真实、理性地看待企业的现状、发生的种种，也能更理性地思考自己能做到什么，发挥何种作用，达到何种效果。

3. 职业经理人对组织的补充作用

我个人认为，大多数的职业经理人能起到对企业组织能力的补充作用，即补充该企业某个领域一部分的能力，构建一部分的体系，发挥一部分的效果。

总体来说，职业经理人是局部改良或改革，而非翻天覆地。因为无论是颠覆还是重建，都是难度极大的，企业的发展轨迹，是由创始人（或创始团队）的经历背景、能力结构、个性特质、思维特点、价值观等决定的，其轨迹有着一定的确定性，不能轻易改变。如果要改变，你就要从创始人（创始团队）的思维、能力入手。

所以，职业经理人要发挥更大的作用，最好是成为一种助推，即依靠企业原有的文化特点、决策方式、沟通方式、协同方式、思维逻辑等，先融进去，让他们信任你，把你当成自己人，然后用接近他们的语言、方式，去无形地影响他们，用新的东西一点点去改变他们的认知、刷新他们的价值观，帮助他们在思维上"拐大弯"，才能逐渐转向成功，再落地到制度、流程、机制、工具方法、文化等方面。

4. 创始团队如何看待职业经理人

几乎所有的老板、创始团队，都会对职业经理人有一个初期"检验"的过程，就是你加入后，能不能取得初期的成功，取得初期的效果，这些效果都是通过带来一些新思维、新做法并落地后达到的。老板、创始团队对职业经理人的工作安排都会遵循一个规律：

我看到你做成了这件事情，做得还不错，然后我自然会给你做一件更大一些的事情，管更大的范围。如果你没有让我看到你做成了什么事情，且得不到我的认可,我是不会让你做更大的事情的。

这是一种"成功推进法",以小成功推进中成功,再推进大成功,循序渐进,才是成事之道。职业经理人,特别是那些"年轻有为"的职业经理人,一开始就把自己定位为要进入最高决策层,进入股东会、董事会,如果企业没给到这样的"待遇",就认为老板、创始团队不开放、不进步,这也是过高心理定位与预期的一种表现。

我们不应该在一开始就把自己与资本投入方并列,资本方(创始团队)是一个"圈",他们有着走在一起的因缘,有着独特的群体认知,他们看待职业经理人的心态不可避免地带着"外人"的心态,即使你勉强地挤进这个"圈",你也会不自在,不会被真正地接受和认同。

除非是创始团队已经通过相当长的时间与职业经理人合作,充分建立了信任,经过其内部讨论一致,主动接纳你"入圈",这才是真正的"入圈",否则只是形式上的。

5. 职业经理人要激发企业内生力量

职业经理人发挥作用最好的方式就是变成一种"催化剂",通过自己的加入,与企业原有团队产生良性的"化学反应",让企业的原有资源发挥作用,调动其自身的机能去改变现状,创造未来。这里面,最关键的是激发企业资源的内生能力,就如一棵老树马上要枯死了,你通过化肥的滋养、调理,让它重获生机,长出绿芽。如果不激发内生能力,单靠职业经理人的单打独斗,或者大规模"换血",是比较难解决问题的。

在团队结构方面,要新老结合、新老参半,发挥"新人拉动老人、老人扶持新人"的作用。如果是全新的一个管理团队,风险是极高的。

本人曾经历、看到过若干企业的"高层换血",总结出一个规律:一个全新组合的高层团队,在半年到一年进入"崩溃"状态的概率是非常高的,高达70%~80%。

为什么会出现这种现象?

不同的经历背景，不同的文化价值观，不同的沟通风格，不同的管理理念、语言、思路，如何融合，如何协同，如何把不同方向的箭头逐渐聚拢到一个方向，形成合力而不是阻力，这有着极大的挑战和风险。就如同不同品牌、规格的零件拼装起来的一辆豪车，这些零件有着较高概率的不适配，磨合的成本是非常高的。

6. 创始团队不要完全放手

还有一个推波助澜的因素，就是创始人或创始团队，一开始过于放手、放权，完全把企业的经营管理权限交给新来的职业经理人。

我认识的一位老板，把好的办公楼及自己的办公室腾出来给新来的总经理，自己搬到另一栋条件简陋的厂房里，以体现自己尊重人才、充分信任和放权的高风亮节。但这样做的风险非常高。刚掌舵的职业经理人，其实还把握不好方向，还没有足够的能力行驶好这艘新船，他还需要创始团队指引方向，做好辅导及纠偏。

职业经理人也需要一些"老臣"的辅助，才知道如何才能把事办成。把事办成，先要保全自身，才能继续做贡献，如果"下药过猛"，可能会面临巨大反弹，公司里的老人都群起而攻之，那就有可能"出师未捷身先死"了。这很讲究策略，最好是采用"沉静领导"的方式，在继承中发扬和创新，综合各方意见，团结一切可团结的人，整合各方力量，集中大家的智慧和力量，办成大事。

我看过很多现实案例，真正能空降过来改变企业状况的职业经理人，其实是非常少的。最能改变企业方向与局面的可靠人选，其实是来源于内部——内部的"局外人"。

什么是内部的"局外人"？就是有内部的身份，但是有局外人的眼光、魄力与冲劲，他知道在企业里如何把事办成，也积累了深厚的内部人际关系，有不少内部支持的力量，根基稳固。同时，他又能不拘于历史，敢于突破常规、继往开来。这样的人担当大任，是比较容易取得成功的。所以，企业要给内部的创新人才、潜力人才、敢打仗打过胜仗的人才以机会，让他们走到"前台"，站到关键的管理岗位上，发挥出关键的作用，改变企业的航向。

创始团队还需要摒弃"等救世主""靠救世主"的心态——等职业经理人来力挽狂澜，靠职业经理人来破旧立新。创始团队等来的结果，可能会以失望而告终。

7. 好的职业经理人会改造与适配

好的职业经理人，一定不是全面照搬原来的经验，也不会全部推倒重来，他会充分收集信息，充分征求意见，充分思考，凝聚各方力量，谨慎地把以前的经验"量体裁衣"地移植过来，并做适当的本地化改造与适配。改造与适配，是至关重要的！好的职业经理人，在他任职期间一定会逐步留下若干宝贵的资产。这些资产包括看得见的业绩、完善的管理体系、能打仗的团队，还有看不见的组织能力、文化价值观等。

非常有幸的，在之前我担任 HRVP 的上海一家互联网企业，我搭建起的 HR 管理体系目前还在运作并发挥作用（当然也有后续继任者的创新与升级），原来我搭建的人力资源团队目前大部分还在发挥关键作用，他们也传承了比较好的专业、服务的价值观与团结、协作的文化。

目前我服务的企业，人力资源管理体系已基本建设完毕，人力资源团队齐整而有战斗力，士气高昂，运作有序，内外部协同良好。我们将在支撑企业经营增长、战略落地上，发挥出更大的价值。

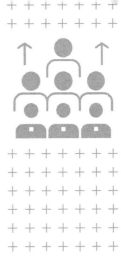

第十二章

HRD 怎么做人才激励

HR 长期主义者会从公司整体的角度去看待短中长期、各层级、不同群体、不同类型的激励,以形成激励的战略全景图。HR 长期主义者会更注重提升管理者"分好钱"的能力,这是有效激励的基础。HR 长期主义者往往从人性出发,从人才的底层驱动力入手,激发个体与组织活力。

一、如何建立系统性的企业激励体系

企业的激励体系建设要有系统性的考虑,建立一个相对完整的架构,起到支持企业经营达成、激励员工冲锋的长期效果。

1. 激励导向与原则:明确化

激励一定要有明确的导向,导向越直接、越简单、越纯粹、越有强度,效果越好,不要让员工去琢磨、去猜。我认为激励导向最简单的表达就是:激励员工往前冲!这也就是华为经常提到的"导向冲锋"的作用。激励体系建设的目的是最终要持续激励员工全心全力去实现公司的经营目标。我们还需要明确激励的原则,有效的激励原则一定是标准明确、对外有竞争力、对内有公平性的。

以下是某企业激励原则的示例。

- ➢ 基于岗位价值贡献:基于员工在岗位上对组织的价值贡献进行激励。
- ➢ 拉开差距:资源永远向优秀人才倾斜。
- ➢ 差异化:有企业自身特色,并针对不同岗位有差异化。

2. 激励内容:立体化

企业激励体系应该是立体的,是一个系统化、重点突出的激励机制。它应该包括不同层级人员的激励(高、中、基层)、不同周期的激励(短、中、长期)、不同群体的激励(不同部门及岗位员工)、不同类型的激励(物质、非物质;现金、非现金)。

以下是不同层级人员的激励示例。

基层员工：短期激励（多）+ 中期激励（少）。

中基层管理者：短期激励（少）+ 中期激励（多）+ 长期激励（少）。

高层管理者：短期激励（少）+ 中期激励（中）+ 长期激励（多）。

以下是不同周期的激励示例。

短期：固定工资、月度／季度绩效工资、即时激励。

中期：年终奖、专项奖金（项目奖）。

长期：股权／期权激励。

以下是不同群体的激励示例。

市场销售人员：固定工资 + 提成。

产品、解决方案人员：固定工资 + 绩效工资 + 项目奖 + 年终奖。

研发人员：固定工资 + 绩效工资 + 项目奖 + 年终奖。

生产、运营人员：固定工资 + 计件工资 + 年终奖。

HR、财务人员：固定工资 + 绩效工资 + 年终奖。

以下是不同类型的激励示例。

物质激励：固定工资、绩效工资、调薪激励、年终奖、项目奖等。

非物质激励：晋升、荣誉、成长机会、培训、轮岗等。

3. 激励方式：在线化、游戏化

我曾在公司引入在线游戏化激励平台，起名"××（公司名称）米缸"，激励的金币称为"粮票"。该平台有三大应用场景，平台的运作机制如下。

公司表彰：激励标杆，塑造积极的文化氛围，让公司的日常表彰制度化、在线化。

部门表彰：领导激励下属，实现自上而下的激励，即时激励工作过程中难以量化的价值贡献。

员工赞赏：通过赞赏表达对同事的感谢、欣赏，促进部门之间的协作。

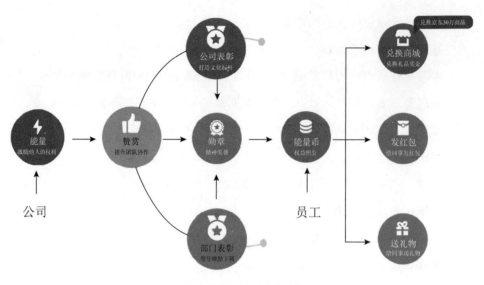

在线激励平台运作机制

这个平台实现了三大价值：

激励价值创造过程：增强员工成就感、价值感，提升员工的工作动力和热情。

游戏化的即时反馈：既符合新生代员工的内心需要，又增添工作的乐趣。

打破组织的边界：大家互相激励，优秀员工自动涌现。

值得一提的是，该平台把符合企业文化与价值观的行为，以及公司鼓励的相关活动也进行了相应的激励，具体包括：月度优秀员工、导师津贴、价值观行为、出勤、内推、培训、转正、晋升、工龄等。

二、管理者如何"分好钱"

"分钱"是管理者在人员管理方面的关键工作之一，无论是季度绩效工资，还是年终奖、项目奖等，都涉及"分钱"的事宜。"分钱"看上去比较简单，就是把总的额度分到团队每个人头上，但实际上，"分钱"要把钱分得没有"后遗症"，并起到积极效果，不是易事。

1. 建立明确的"分钱"标准

给员工"分钱",首先要建立明确的、正确的"标准",即"分钱"的依据,这是源头、出发点,是最为重要的。"分钱"的核心依据是员工的价值贡献——员工所做的事情及其产生的价值。

这里面的底层逻辑需要特别注意:"分钱"是基于事,而不是基于人的。"分钱"不是基于人的价值观、能力,而是基于绩效贡献、价值贡献。我们在做人才盘点、评估、晋升时,往往会关注价值观、能力等因素,但在"分钱"的时候,却不能把这些作为主要考虑因素。因为"分钱"是针对员工阶段性的价值贡献,它是有周期性的,也是动态的。

价值观、能力是相对稳定的,我们不能根据这些稳定的因素,一直给价值观好、能力强的员工分更多的钱。一旦你把"分钱"强关联于价值观、能力这些相对不可变的因素,则无法驱动员工去关注可变的因素了——做事情本身。

用一把尺子——事的维度,作为分钱的唯一依据,才能彰显公平。永远要记得,"分钱"起着标杆、导向的作用。管理者可以做一个自我询问的测试,就是当你"分钱"的结果被公之于众的时候,能不能做到"服众",让所有人都觉得你分得公平、客观、合理。这对管理者来说是一个很重要的检验,也是一个很大的挑战。

2. "分钱",要起到合理激励的作用

"分钱"要考虑其激励效果,是否对每一个员工起到相应的激励作用。所以,员工的心理预期是需要把握和考量的。有的员工月薪基数比较低,也许你给了一个不算高的额度,就已经起到比较好的激励作用了,但对一个月薪基数比较高的员工,激励却不明显,甚至是负激励。有时候,"分钱"不能和员工的月薪基数"解耦",有时候却可以"解耦"。

比如,我在某企业设计季度绩效奖金时,由于总体奖金额度不算高,就

可以把季度绩效奖金与月薪基数解耦了，这样做就是不至于月薪高的员工，一旦被评为优秀，就把团队的绩效奖金占去了大部分。

有时候，如果现金激励给到一定水平，对员工的激励已经到位了，就不能过度激励。即使你手里的奖金包还有很多，也不建议一定把总额度用完。因为你把"油"都加满了，还溢出来了，就偏离了员工的实际价值贡献，这样反而会让员工对未来的奖金有不切实际的预期。

有时候，宁愿把钱留下来一点，也不要给予过度的激励，记着"过犹不及"的道理。激励力度的合理最为重要。

3. "分钱"的前提：绩效考核与价值评估

"分钱"的前一环节操作是绩效考核，可能是周期性的绩效考核或项目评价（用于分配项目奖）。没有绩效考核、价值评估，就没有分配。"分钱"一定是建立在绩效考核、价值评估的基础上的。当员工和你理论"分钱"是否合理时，你必须能从绩效考核中找得到依据。因此，绩效考核、价值评估的客观性、合理性是"分好钱"的前提。

"分钱"的沟通也是比较有讲究的，要告诉员工为什么给他这个钱，要从过去一定周期内员工的绩效结果、价值贡献的维度进行说明，让其对两者之间的关系产生明确的关联性，才能鼓励他继续做出类似的行为或结果。

要激励可变的东西，如员工的绩效结果与价值贡献，以及员工为其付出的努力与行为，而不是不可变的东西，如智商、能力等。

4. 用团队评审确保"分钱"的合理性

管理者应该建立一个核心团队，给团队成员"分钱"时，应该召集核心团队成员进行讨论、评审，以确保"分钱"分得更加合理。这样做是因为管理者单方面的评价，往往只是一个角度，是相对片面的。如果让大家从各个角度都看一看、评一评，能够确保评价的客观性、全面性，因为每个人对员工的了解程度有所不同，所谓"兼听则明"。但要注意的是，这个核心团队的成员,自身的分配应该不在讨论范围内,不能自己评自己。一定要选择有人才评价经验、为人公正的业务主管加入这个核心团队,让大家都站在全局的角度去提出意见,同时要明确好信息保密的原则。

"分钱"不易,掌握了"分钱"的方法,把握好"火候",就能用有限的激励资源发挥出最佳的激励效果。

三、允许人才局部"脱缰"

在企业的管理工作中,经常会碰到管理者和员工出错、犯错的情况。但很多企业在处理这些问题的时候,缺乏正确的原则与方法,导致处理效果并不好。

1. 从"追责文化"引发的思考

我曾看到一家企业,几乎所有人员在工作中都战战兢兢,很怕说错话、做错事,因为很可能一个细节的不留意,就被贴上"标签",影响自身绩效或后续发展。高管更是如此,向公司领导汇报时如履薄冰,生怕一不小心说错了话,就掉了"乌纱帽"或被"清理出局"。公司一有异常事件发生,比如客户侧的投诉事件,或组织内部动荡的事件,相关人员都会风声鹤唳,因为不知道上层的风是怎样吹的,会不会别人的一句"无心之语"就让自己"躺枪"了。

有一个高管无意中说出了该公司文化的特色——"追责"文化。在该公司有一个很奇怪的连锁反应:一件事情发生后,首要是问谁来承担责任,其次才是如何解决,而且,如何解决也不一定是承担责任的人来思考,因为他可能已经没机会来解决了(也许被"干掉"了,或被降职到其他岗位了)。在这样的环境下,优秀的人才能够尽情发挥才能,释放能量,绽放价值吗?

我们应该营造一个怎样的环境,才能让人才最大化地发挥价值?对于组织来说,我们应该如何对待人才出错甚至犯错?

2. 营造可"容错"的生态环境

组织应该有一个"容错"的生态环境，才能让人才如花园里的植物一样，自然地伸展舒张。

允许人才出错，甚至鼓励积极、探索性地创新试错，人才才会成长，组织的经验才能够得到积累和沉淀。允许人才出错，给人才反省改正的机会，因为每个人都是在"跌跌撞撞"中前进的。踩到"小坑"里，要允许他爬起来继续前行；走了弯路，才知道正道是哪一条，才会走回正道。貌似不出错的人，也许正在错误的道路上越走越远，迷途不知返。正如任正非所言，从泥坑里爬起来的就是圣人。

曾经听过一个很有意思的说法：你要允许人才局部"脱缰"。在某些时刻，马也是会挣脱你的缰绳，狂跑一小段的。我们也要允许人才在某一阶段有高速往前冲的动能，有意识地让他一定程度地"脱缰"，有所创新，有所开拓。

也许每次都是冲这么一小段，但一小段、一小段加起来，就可以冲出很远，帮助公司打开一些"城墙口"，开辟新的道路，冲出一个未来。

3. 处罚应遵循"对等"的原则

如果人才犯错了，有了违规违纪的行为，就承担当时所犯错误所应承担的责任，而不是不相称的责任，责罚过重。不公正的处罚，反而会引起怨恨。

有的企业标榜"诚信第一"，只要说的话、写的材料中有一处不真实，就被贴上"不诚信"的标签，被处罚或辞退。一个人的诚信是可以如此简单粗暴地去判定的吗？有时候，我们误以为坚持了所谓的诚信，但却失去了诚信，因为失去了公正。任何处罚都应坚持"对等"原则，不对等本身就是不公正的表现。法律上有一个罪刑相当原则，是指刑罚的轻重，应当与犯罪分子所犯罪行和承担的刑事责任相适应。企业的奖惩规则，也应该本着这个原则去制定。更重要的是，要坚持按这个原则去执行。

在大多数情况下，企业在制度上貌似是符合这个原则，但在执行时却有了很大的偏差。有偏差，不公正，就难以服众，就会有怨愤与纠纷。而最可怕的，就是失去了人心。

四、鼓励"创新向善"

1. 何为"创新向善"

我们鼓励员工为企业提供创新成果，从而给企业创造价值。而企业通过为社会商业环境提供创新成果，从而给社会创造价值……

通过以上过程，企业在社会商业环境中找到了自身定位，实现了自身价值，也得到商业社会的反馈与回报，获得满足自身发展所需的资源。企业进而把资源回馈给创造价值的员工，让他们获得个人与家庭生存发展所需的资源，并实现自身价值。这里面，最关键的就是能否营造出一种向上、向善的鼓励创新的环境。企业内的各项激励举措，都要本着创新向善的激励原则，就是激励你更好地发挥创造性，激励你更好地创造价值。

我在读高瓴资本张磊先生的《价值》一书时，对一段话印象特别深刻：

从高瓴成立的第一天起，我们和出资人就有一个约定，那就是任何事情只要合理、有意义，我们都可以做（We can do anything that makes sense）。这可能是世界上最简单的模式——出资人给你开了一张空白支票，"你可以干任何你认为合理、有意义的事情"。但可不要小看这个"合理、有意义"（make sense），这实际上是一个最高的门槛，因为这个世界上充斥着并不合乎情理的事情。

里面提到的"合理、有意义"，最核心的思想就是"创新向善"，鼓励你积极创造价值，这就足够了。毕竟，创业团队，每一个奋斗在一线的个体，才最知道在他们所面临的环境、所处的岗位中，哪些地方最可创新、最可创造价值。当然，前提是你选到合适的、足够优秀并有自驱力的团队与人才。

有一所小学把校风定义为八个字"向善、思进、和乐、创新"，我认为特别好。向善，也许是一种最高的价值观牵引。企业在对人才的激励中，如何激励其主动、积极地创造价值，而企业客观地评估其创造的价值，并基于其价值贡献给予必要的激励资源。这就是"创新向善"的具体体现。

2. 创新向善要落实到绩效上

企业"创新向善"，要落实到具体的绩效成果上。这里面既包括对过程的管理，也包括对结果的管理。这样的绩效管理，会更加开放、有弹性、有张力。

KPI 与 OKR 并举，是企业绩效管理的较佳的工具搭配。把 OKR 作为过程管理的工具与方法，鼓励挑战、担当、创新与合作，而通过 KPI，则实现了各组织、团队与个体在一定的周期内交付企业所需的成果。最好的激励，是给予一定灰度创新空间的激励。

在一个大型人力资源论坛上，我曾听到一位重量级嘉宾推荐了蛇口的招商局博物馆。他说这是人力资源管理者的胜地，在里面你可以看到很多改革开放初期关于蛇口工业区设立的历史文件。那时，在政策和机制层面，都鼓励创新突破，提倡多劳多得、先行先试。

为此，我专门查阅了相关的资料，在 2018 年 7 月 27 日南方都市报"从蛇口出发：不改革者不入此门"一文让我感受到当时那份炽热的创业激情与氛围。

"蛇口的发展是从人的观念转变和社会改革开始的。"这是时任交通部外事局副局长袁庚对蛇口基因的总结，这种基因来自思想的解放，观念的更新。

对于企业人力资源工作者而言，最为宝贵的，就是帮助所在企业激励广大员工持续焕发出创业、创新的热情，让企业获得这种独特的基因，并由此出发，发展出相应的激励政策、机制与文化，从而驱动全员的价值创造。这是一条长期主义之路，虽不易，但却值得探索与寻求。也许，蛇口招商局博物馆是我们人力资源工作者都需要踏足学习的地方。

3. 创新向善是商业社会的一道光

老子在《道德经》中说："上善若水。水善利万物而不争，处众人之所恶，故几于道。居善地，心善渊，与善仁，言善信，政善治，事善能，动善时。夫唯不争，故无尤。"人和人之间相互支持，一起相信向善的力量、创新的力量，就能给社会创造出美好的价值，这股向善的创新力量，可以让奇迹发生。

真正的商业到了最后，特别是当你成为行业的标杆或领军力量的时候，就需要思考，你以一个什么样的姿态去面对社会，有什么样的能力去回馈社会，有什么事情是你可以帮助社会变得更美好的。在商业社会中，最为宝贵的，就是在为人类的梦想做难而正确的事情时那颗坚定、向善的心。

创新向善可能是我们永恒追寻的一道光。

五、唤醒人性：四个层级的底层驱动力

1. 人力资源管理的底色应是人性

曾经看到有些不太成功的管理者，往往很偏逻辑，可以说是逻辑到极点，九分逻辑一分人性，导致团队中散布着冰冷的工业气息。逻辑的确重要，但并非重要到排斥人性，压倒人性。我看到很多管理者，都在逻辑与人性之间游走、挣扎。

人力资源管理，归根结底管理的还是人。所以，人力资源管理的第一性原理还是人性。在逻辑与人性之间，需要有一个中间的度，走"中道"，但底色应该还是人性。

2. 你的 HR 政策、制度等考虑人性了吗

我们的政策、制度、流程、机制等，表面上是逻辑的体现，但背后应该遵循人性的底层规律。我发现很多企业的政策、制度、流程、机制等，实施的结果比不实施还坏。它"损耗"了广大员工的能量，"折损"了一批批优秀的干部和员工，实在让人痛心。

我们经常做人才盘点工作，其实人才盘点只是表层的东西，即把通过各种人才相关信息的输入，对人才进行评估后，分层分类，然后识别出关键人才，并对不同类别的人才采用不同的激励策略与举措。但人才盘点没有把人性底层的东西融入，比如人的兴趣、热爱、期待、激情、梦想、认同、欣赏等。很多人性底层的东西，我们没有去唤醒，导致人性一直在沉睡。

人力资源管理者要回归到人性这个底层原理，真正关注人性所需、所往，才能找到根本。

3. 人才的底层驱动力是什么

趋势专家、畅销书作者丹尼尔·平克在《驱动力》一书中提到，在驱动力 3.0 时代，真正激励我们的是第三种驱动力，它包括如下三方面。

（1）自主：如果工作能够让人可以做出自主选择，发展自己的技能，做有意义的事情，那么人们往往会非常努力并取得良好业绩。

（2）专精：我们天生就是自主的个体，而不是机器人。我们希望达到专精，让我们把想做的事情做得越来越好。

（3）目的：寻找目的是我们的天性，我们在复兴属于我们的商业，重塑我们的世界。

结合从事人力资源工作多年的经验，我也提出自己对组织中人才的底层驱动力的理解，我把它称为"人才的公理"，底层驱动力来源于以下"四感"。

安全感：人先要保证自己在组织中是安全的，才能安心工作。即他不担

心随时被"干掉"，不担心被人"穿小鞋"，或者背后"捅刀子"；对于公司对待员工的惯常做法与风格，他是有着自己确定性的理解。

成就感：人在组织中，从事一定的岗位工作，是希望能发挥自身技能、才华与价值的，就是尼采说的权力意志——向上的意志，人要绽放，要发展，要体现自我价值。

愉悦感：在组织、团队环境中，他是开心的、放松的，他可以和其他人进行情感交流，互相关心、欣赏、友爱。他每天不会一想到上班就有天然的抗拒感，一走进办公室就觉得"空气"不佳，要头晕；相反，良好的团队氛围与环境，应该像清新的空气，走进去是心旷神怡的感觉。他想到上班，不会心情沉重，而是一种自然亲切的感觉；在团队中他是能吸收到能量的，而不是一直消耗能量。

体面感：这是人的社会性的一面，在这里工作，他至少觉得不比同龄人差，甚至公司品牌还会带给他些许"骄傲"；他赚的钱还可以，供得起日常消费，偶尔还可以"奢侈"一下；有家庭的人，可以给老婆、小孩相对宽松一点的生活。

以上"四感"，都是真真实实的人性，都是我们能触摸得到的。

这"四感"是有层次的，总体来说是由低到高，逐层递进，低层次的人性需求满足了，就会有更高一层的需求。上一层次的需求得不到满足，就会退而求下一层次的需求。

但每个人都有四个层次的综合需求，只是几种需求的比例有差异。结合以上四种人性的底层需求，我认为我们的人才使命是——让人才绽放！我们要将个体的个性、才华、梦想融入组织中，把个体价值通过组织的杠杆放大，让组织的能量充分焕发出来，再把能量反哺到个人，从而实现人才与组织能量正向循环的飞轮效应！

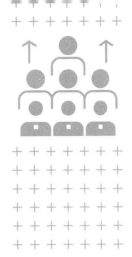

第十三章
文化建设：用发展来激发员工的信心

文化是由内而外的，最佳效果是"近悦远来"。HR长期主义者注重用发展来激发员工的信心。他们提倡让人才绽放，而不是让人才不断泄气，最终枯萎，他们推动管理者和员工的良性互动，以形成良好的文化氛围。

一、人力资源管理的效果："近悦远来"

1. 芬芳外溢的效果

子曰:"近者说（悦）；远者来。"（《论语·子路》）意思为：让近处的人快乐满意，使远处的人闻风归附。形容政治清明，远近归附。

我们人力资源管理工作就是要起到这个效果，内部员工认同公司文化，不愿意离开，然后你才能吸引外部的人才源源不断地、热切地前来加入。内部是芬芳的百花，自然会吸引蜜蜂、蝴蝶等纷飞而至。人力资源工作者要思考：怎样通过内部的人才管理机制，调动内部员工的积极性，做好内部员工的激励与保留，让他们认同公司，甘愿为公司做出贡献；然后，员工自然会为公司做宣传，宣传公司的发展、管理与文化。

我们看到很多社交网站上（如知乎、脉脉、看准网等）有很多在职、离职员工发表对某些公司的评价和看法，有些是正面的，有些是负面的，甚至是吐槽。这些点点滴滴都会向外部透露出、描绘出公司的形象。

2.HR 工作规划的逻辑：由外而内

我们从市场发展、客户需求出发去考虑公司要做什么，以便满足客户需求、赢得市场；进而，公司再把市场压力传递到内部的部门（从前台部门传递到中台，再到后台部门），并分析各部门应该做什么来支持业务的增长，满足业务的需求。

我们做 HR 工作规划往往采用由外而内的视角。从市场客户需求到业务需求，到各部门、群体的绩效需求，再到对 HR 工作的需求（包括环境／机制层面、技能/能力层面）。

而 HR 工作的举措及其成效，又反向影响各部门、群体的绩效结果，再到组织整体业务结果，其相互作用见下图。

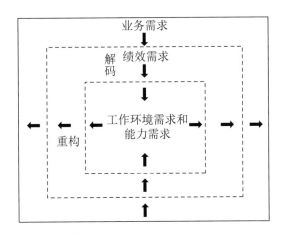

业务需求与 HR 领域需求的相互作用

3. 雇主品牌建设的逻辑：由内而外

文化的建设，以及雇主品牌的传递，往往是由内而外的。企业的内部管理做好了，会传递到外部。如果企业内部氛围不好，也会传递到外部，影响到外部人员，一个企业的名声就是这样搞坏的。比如，一家企业内部人际关系非常复杂、勾心斗角，不公正、不公平，员工随时可能被不公正地辞退，这种高度"内卷"的不好名声，时时处处都在外部扩散，日积月累，谁提到这家企业，都是摇头劝你不要去。

这种情况是很可怕的，因为一传十，十传百……企业到最后就是"臭名昭著"了，即使你商业上做得非常成功，在人力资源管理上的失败，最终都会影响到你的商业成功，因为人才是商业成功之源。没有人才，如何支持企业的发展？吸引不了优秀人才加盟，保留不住优秀人才，只靠一批只会奉承、"拍马屁"的人围在企业家旁边，这样的公司迟早会衰退、被淘汰的。

内圣才能外王。先把内部的组织与文化建设好，才是本源。

二、员工的信心来源于什么

1. 从员工离职引发的讨论

有一公司短期内人员流失较多，经离职访谈，员工反馈有三方面原因：

①公司氛围较沉闷，缺乏活力，不太适合年轻人；

②看不到公司业务新发展，对公司发展缺乏信心；

③在本职岗位上得到的成长不大。

于是，公司 CEO 找 HRD 讨论如何进行文化建设、员工关怀。在讨论中，他们提到了组织户外活动、员工生日问候等举措。与 CEO 沟通后，HRD 在下班路上一直在想：这真是企业文化的问题吗？就算我们通过各种活动提升了企业文化，就能够激发员工活力，保留住优秀员工吗？

第二天，HRD 找部门内的同事一起讨论，分析目前公司现状，大家认为公司氛围沉闷、缺少活力，是多因素的结果：

①经济大环境不佳，到处可见组织瘦身、裁员的消息，特别是几大互联网巨头裁员的力度更大，引发职场人士的心理动荡。

②行业不景气，公司近期原有业务处于淡季，新业务拓展乏力，这时候员工没有太多的活可干，人闲下来了自然就会"想东想西"。

③公司各层管理者风格的原因，有些部门员工比较活跃，氛围较好，有些部门员工却比较安静，难以看到有热闹活跃的时候。员工的状态是和各部门负责人的管理风格强相关的，当然和公司最高管理层也有关系，因为企业文化也好、价值观也好，都是自上而下传递的。

在讨论中，他们还提到了两个情景，可以看出并非气氛沉闷是常态：

一是去年底业务高峰的时候，大家都很忙碌，有打电话的，有讨论的，有匆忙走动的，一片嘈杂声，却有着某种节奏感，好像一支无形指挥的协奏曲，给人生机盎然之感。看到这种景象，你自然会想到两个字——"活力"。

还有一个情景是研发团队，你一走进研发团队所在的区域，就看到员工一小簇、一小簇地讨论，偶尔还有高声的争论，一派热火朝天的感觉。

2. 发展，会产生人才磁吸效应

这位 HRD 和我聊起了这个情况，希望得到我的建议。我告诉他，最关键只是两个字——发展。无论是员工的信心，还是组织的活力，都源于发展。发展就像一辆有高度磁吸力的列车，不断把人才吸引到上面来。发展是人才磁吸效应之源。让员工看到美好、积极的改变是最为重要的，这是员工的信心来源。因为发展、改变会带来希望，带来信心。

3. HR 长期主义者的眼睛要盯着组织发展

如何帮助组织实现发展——业务增长、盈利提升，不仅是 HR 长期主义者应该持续思考、全力参与的，而且是公司各级管理者、全体员工都要有的意识，并一起努力推动去实现。

员工士气低迷的时候，HR 要做的更多是帮助业务去"打好仗"，比如引进能给公司带来增长的拓展型人才。另外，通过赋能、激励机制的建设，提升销售团队的战斗力与积极性；公司的各项激励举措，都要以给客户创造价值、给组织创造价值为导向……

至于文化宣传，其落脚点不应该是员工关怀，而是公司发展。要开展以发展为主题的企业文化宣传，比如在各种文化元素中强化增长、拓展、奋斗、协同共进等关键词，宣传的色彩要艳丽，鼓舞人心。

我曾在一家公司的门口、走廊、电梯外看到了一系列有气魄的、铺天盖地的宣传标语，感觉非常棒。该公司通过"开门红"项目，在行业低迷的时候激发全员斗志，打出了一个个业务小高峰。

HR 长期主义者的眼睛，一定要盯着发展，发展才是硬道理，发展才是原动力。没有发展，一切都是空的。HR 长期主义者最大的价值，在于帮助公司实现发展。调动和激发整个组织的资源、力量去实现最大的发展，然后把发展带来的信心,传递给组织的每一个人!HR 长期主义者工作的出发点、落脚点、回归点,就是发展,发展,发展!

三、磨炼员工的反脆弱能力

如今,部分新生代员工在职场上较为敏感,这其实不利于他们成长、发展,也不利于企业文化建设以及企业的长远发展。

1. 要重视员工的反脆弱能力

人的成长,哪有事事顺你心意、如你所愿,公司也不可能面面俱到照顾你的感受。公司是一个商业组织,必然要生存,要在激烈的市场竞争中奋进。而员工,要支撑起公司的发展以及个人的职业发展,也必然要艰苦奋斗。否则,公司垮了,你安身的"家"也没了。

我认为反脆弱能力,是公司甄选、培养员工的一项重要素质。通常我们会称为坚韧性或抗压能力。企业的文化气质、员工群体的精神气质,也应该有这一项要求,否则,这个企业是没有未来的。

2. 构建培养反脆弱能力的机制

北京冬奥会、冬残奥会总结颁奖大会总结出了北京冬奥精神:胸怀大局、自信开放、迎难而上、追求卓越、共创未来。其中提到"迎难而上,就是苦干实干、坚韧不拔,保持知重负重、直面挑战的昂扬斗志,百折不挠克服困难、战胜风险,为了胜利勇往直前。"企业应该构建一种机制,能够筛选、甄别、培养、任用那些有反脆弱能力的人,让这些人能够脱颖而出,成为骨干、栋梁。

比如:用关键项目去锻炼、识别人才;把激励资源向那些愿意到艰苦环境奋斗、开拓新市场的员工倾斜;构建能上能下、能升能降的干部任用机制;强化价值观考核,有责任感、勇于担当应成为关键的考核要素……

企业可靠的员工队伍、坚强的干部队伍，一定是在艰苦的环境、艰难的战斗中砥砺、磨炼出来的。没有经历过风雨，有一些小雨点就大惊小怪的员工，是撑不起企业发展的，也不是企业发展所需的。人没有脊梁不立，企业没有精神脊梁不兴。立足长远，从长期主义的角度，打造企业永驻的精神之旗，是极为重要的，也是企业家、高管、人力资源工作者要花大力气去打造的。

四、你有让员工不断泄气吗

1. 让人才绽放

我非常喜欢霍尼韦尔前董事长、CEO 高德威的《长期主义》一书，书中一句话让我很有感触"让人产生激情很难，让人泄气却非常容易"。我认为这句话说出了现在很多企业在人才管理方面的政策、举措，更多起到的是"泄气"的作用，而不是"鼓气"，让人产生激情。如果我们在推出一项新政策、新举措的时候，先用"是让人产生激情，还是泄气"这个标准来衡量一下，相信一定可以得到不同的结论与解法。究其根本原因，我们太重视对人才的"管控"了，而忘了人才管理的初心，是让人才"绽放"！让人才的价值得以绽放，就是让企业的价值得到绽放！无论开展何种人力资源管理的工作，人才理念应该先行。

2. 人才生态环境的重要性

人才身上最宝贵的东西是什么，就是他的知识、技能、经验、个性、梦想、抱负等。这些东西如果得以绽放，就可以充分体现人才对组织的价值。

时间是个很重要的变量，无论企业还是人才，都把时间交给了彼此；但彼此在一起的时候，是否都相互贡献、创造价值了呢？在大多数情况下，答案是否定的。随着时间的流逝，我们看到的是，人才对企业越来越失去信心，而企业也越来越对人才失去信心。根本原因，我认为大部分在于企业本身，你营造了一个怎样的文化环境，提供了一片怎样的土壤？不同的土壤、不同的生态，是会让员工有不同的精神面貌的。你是让员工发光、发亮，还是让他黯淡无光？

我们 HR 要帮助企业创造、提供一个良好的人才生态环境，让人才的价值得到绽放与发挥，这是我们的初心和使命所在。我们思考问题的出发点，有必要从以前的"从企业角度出发"转换到"从人才角度出发"，不一定是全视角的转换，可以是部分视角。

那么，如何从人才的角度出发呢？我认为就是识好人、招好人、用好人、领好人。找到优秀的人才，营造让人才持续发挥价值的环境。

3. 人性是一条河流

我看到过一篇研究新生代员工特点的文章，里面提到一些特点在新生代员工身上表现尤为明显，比如：开放—封闭，勇敢—怯懦，反抗—依赖，自我的觉醒，对"无所谓"的包容，松圈主义、拟成人化、松散注意力等。其实，人性从来没有变过，只是因为社会环境的宽松，以上的人性矛盾之处在新生代身上体现得更为真实、充分而已。

列夫·托尔斯泰曾说："人好比河流，所有河里的水都一样，到处的水都一样，可是每一条河，都是有的地方狭窄，有的地方宽阔；有的地方湍急，有的地方平缓；有的地方清澈，有的地方浑浊；有的地方清凉，有的地方温暖。人也是这样。每一个人都具有各种各样的本性的胚芽，有的时候表现出这样一种本性，有时候表现出那样一种本性，有时变得面目全非，其实还是原来那个人。"

我们要允许人的动态变化，允许有偏差，比如人的情绪变化、绩效周期变化等。因为人性是一条动态的河流，它是多姿多彩、富于变化的，只要发展的轨迹不偏离中心即可。即使人性偶尔偏离了中心线，只要给点时间，它总是会回归的。当然，你的向心力、凝聚力也很重要。

4.园丁式管理

我认为企业要学习"园丁式"的管理。什么是园丁式管理？园丁式管理不是严密管控，而是培养与支持，充分赋能、赋权，通过建设组织环境，创造良好组织氛围，提供更多的服务与支撑，充分发挥团队成员的主观能动性，鼓励他们创造价值，从而为组织创造价值。

"夫战，勇气也。一鼓作气，再而衰，三而竭。彼竭我盈，故克之。"这是《曹刿论战》中，面对鲁庄公关于实力相对弱小的鲁国军队何以战胜齐国军队这一问题时，给出的答案。"气可鼓而不可泄、劲可提而不可松。"如果我们一直想着如何给员工鼓满劲，我们的企业文化建设工作、人力资源管理工作就有了很好的出发点，就容易找到抓手，从而激发出员工、团队与组织的活力！

五、如何让团队具有活力与创造力

有业务主管咨询我一个问题，如何让团队人员更主动工作，更有活力。因为他觉得目前自己的团队里，除了个别人能自动自发地推动工作，其他人都很被动，基本上都是安排什么做什么。这位主管很苦恼，觉得团队没有活力，主动性严重不足，更说不上开拓创新了。

1. 一种痛苦叫：永远不能让人把话说完

根据我与这位主管的接触，以及从其他渠道的了解，他在本业务领域是非常专业的，反应很快，表达能力很强。所以，别人和他沟通的时候，才刚说几句，他马上就反应过来，认为自己已经理解对方说什么，于是立即表达自己的观点，并快速给出结论和建议。

这种情况导致对方一下就"哑火"了，对方本来想和他讨论一下，表达一下自己的想法，但没说两句，这位主管又打断了，马上给出新的意见和建议……整个沟通过程，别人很多话都没说完，甚至连事情的基本情况、自己的基本诉求都无法说完。

一种沟通的痛苦，就是你永远无法把话说完。这种沟通的场景，在这位业务主管和其团队成员沟通时一次次重现，而且在和团队成员沟通时，还夹杂着对下属的否定和批评，比如说下属系统性思维不强、逻辑不清晰、沟通能力弱等。

2. 让团队保持弹性与张力

这就好像一个房间，只有那么大的空间，里面有整个团队的成员。如果业务主管把自己的张力扩展得很大，几乎布满了整个房间，那么下属的空间就很小，或者被逼到"墙角"了。时间长了，下属一直得不到松弛，就变成一种固定的姿势——被动地蜷缩在角落里，再也没有弹性和张力了。

让团队在时间、精神、心态、能力上，保持弹性很重要，这样他们才会有活力，有创造性。主管要给员工表达意见和发挥能力的机会。主管不要处处彰显自己的专业与影响力，每一件事情都让自己有最大的参与权、意见表达权——这种张力，在关键时刻显示即可，大部分的场合，要让团队成员有更大的张力。

如果员工的工作压力、心理压力一直很大，长时间处在一种心力交瘁的状态，主管就要注意员工的能量管理，不要把员工的能量都耗尽了；如果员工一直像手机快没电时的预警状态，他的状态一定是不好的，是极度焦虑的，有着即将"系统崩溃"的危机。

3. 管理可以严格，但不要严苛

之前碰到过一个高层领导，思维极度缜密，表达极度犀利，下属和他沟通时都不敢轻易表达意见，因为他随时会指出你观点中的漏洞，并予以追问、反驳，然后质疑你没有了解清楚情况，没有思考清楚，甚至否定了你的整个人……

这种情况，他的下属和他沟通时变得战战兢兢，由于紧张，下属会反应迟钝，说话结巴。开会时，一片静默，只有这位领导在上面说话。这样，员工能够自然地舒展自己的个性和才能吗？结果当然是否定的，这种沟通风格会导致下属的动作变形，能力发挥也会大打折扣！只有思想、心灵自由，人才会有张力、影响力、创造力。

工作要求严格是可以的，但不要过于严格，甚至到了严苛的程度。工作压力大是可以的，但不要持续压力非常大，没有张弛。尽量不要给员工过大的精神压力，那样发挥就会失常。

4. 张弛有道，保持弹性

不要过满，这样才能继续装东西。

作为管理者，你不是要成就自己，而是要成就团队；要成就团队，就要让团队能绽放；能绽放，就需要你给予团队自由开放的空间。

管理者，你的团队成员就是这片土地上的花草果树，让他们得到阳光雨露、肥料滋润，而你需要像园丁一样照料好他们，并适当地修剪枝叶，支持他们生长、发展。最后，你得到的将是春意满园！

六、文化是在互动中产生的

某创业公司的 HR 在做企业文化建设，他们组建了一个团队来进行企业的核心价值观及价值观行为建设工作。由全体员工分组参与的"文化共创讨论会"输出初稿，再经过管理团队讨论，HR 团队终于把这些工作完成了。HR 制作了精美的海报，上面有笑容可掬、可爱至极的吉祥物，还有醒目的价值观口号。他们在公司内开展了大规模的宣传，线上、线下随处可见。

公司的文化、价值观宣传得热火朝天，但 HR 似乎没有看到员工群体有多大的反应。企业文化建设的效果究竟如何，HR 心里都没底。后来，在一次会议中，公司副总裁在和 HR 团队开会时提到，企业文化宣传是必要的，文化上墙也是没问题的；但他更想看到，企业文化在员工的互动中得以体现，这才是文化最真实而生动的写照。

副总裁举了一个例子，发生在和该公司关联的另一家创业企业：

这家公司为了体现"客户第一"的文化，周末在深圳海边一艘游艇上举办了一次盛大的项目庆功会。员工们都到了，但CEO和几位同事一直没来。

正在纳闷的时候，CEO带队"从天而降"，原来，他带着几个HR小伙伴，从湖南打包了数十杯当地"网红"奶茶，并乘坐高铁一路"护送"回来，"护送"的艰辛旅程，他们还拍了小视频。

CEO和HR小伙伴们的行动，把员工们感动得不成样子。

副总裁的话语以及讲述的例子对HR团队触动很大，他们懂得了很重要的一点：文化是在互动中产生的，也是在互动中升华的。我们经常讲企业文化建设，但文化工作不仅仅是设计若干的制度、规则、流程，也不仅仅是文化体系、行为要求等；文化更多应该体现在公司自上而下的一系列行为中。文化是在沟通互动中孕育、生发的，它讲究人与人之间的信息与情感交互，另外，它还应该渗透着创意性。

文化不是HR自己闷头编写文本、设计海报，这些东西都是静态的，而且很快可能就让人"审美疲劳"了。这些静态的东西，不是自动就会运行或发挥作用的，而应该更多地在"运动"中发挥效果，产生价值。

我曾到一家互联网企业参观，这家企业有一条"文化长廊"，里面是各种带有企业自身标识和文化元素的物品，有帽子、衣服、鞋子、桌面摆件、日常办公与生活用品等，员工或客户喜欢的话，需要自费购买。现场带我们参观的该公司的小伙伴，说自己穿的T恤也是掏钱买的，因为他很喜欢，穿得也很舒服，顺便也帮公司宣传了。

这家互联网企业把文化元素融入员工工作、生活的点滴，这种做法很值得借鉴，他变成了员工的一种主动行为选择，这种选择体现了员工对公司文化发自内心的认可。而且通过这种行为选择，其实是在个体与公司文化之间产生了一种良性的互动，这种互动有利于增进公司与员工的"文化情感"的交流。

上面提到的这家企业 HR 团队经过讨论后，明确了企业文化建设要融入为业务提供支持和保障、提升业务团队的组织氛围；文化建设，要以行动、活动为主线来设计与呈现，要吸引、发动员工广泛参与，让大家在互动中感受到文化的温暖与意义。

七、创业型企业应该发展什么样的文化

1. 一起向未来，发展才是硬道理

创业型企业有着自身的特点，所以其文化也应该有特点。创业企业的第一特点就是发展前景，用超常规的发展速度取得超常规的发展成果，人才由此获得超常规的发展与回报。

所以，发展是第一位的。聚焦经营，以经营来牵引管理，管理要匹配经营，而不是指导经营。不能只盯着问题，问题是阶段性的，而且大多数是发展中的问题，要用发展的方式动态解决，而不是用静态的方式来解决。

2. 基于目标结果的执行力文化

创业型企业的第二大特色，就是目标可以很纯粹、专注、明确。树立明确的目标结果，把一切资源牵引至支撑目标的实现中，形成较大的压强。

什么时候，一个组织或团队的战斗力最强、状态最好？就是有着一个清晰的目标，有着确定性的结果要求，有着截止时间的压力倒逼，并且有资源投入保障与承诺，团队只管冲锋陷阵，实现目标。这种状态，有点像军队里的战斗机制，下达命令，配给资源，然后这支队伍带着任务出发，过程不管艰难险阻，只盯着目标完成！

3. 自组织的协同文化

前段时间举办年会，由公司人力资源综合部组织，其中行政主管牵头作为项目经理，人力资源综合部所有人员作为项目成员参与，做好分工后，各自领下明确的任务。在组织的过程中，有正式的进展审视与相互协调，还有沙盘演练、现场排练等，一直到最后年会圆满完成。整个过程，作为团队领导，我几乎没怎么干预，只是在预算、主体流程的确定，以及个别重要问题的协调上有一些介入，介入程度不到10%，整个活动就悄然、有序地完成了。在其中，你可以看到团队成员进入一种自组织、自运行、自协同的状态，遇到问题相互沟通解决，有小冲突也能自行消化，自动自发地往目标结果推进，不需要管理者介入。

我很赞赏团队这种自组织状态，没有我的全程参与，组织仍然可以顺利运作，说明这个组织是良性的。顺便延伸一下，管理者要把团队带到什么样的状态是比较好的，我有一个切身的体验，它有两个特征：

一是团队可以"指哪儿打哪儿"，就好像你的身体，手脚是完全听你指挥的，可以快速、准确地执行你的命令，中间没有迟滞，没有偏差。

二是你是被团队推着走的，是团队成员驱动你，而不是你推着团队走，不断在驱动团队。这说明，团队的能量已经被激发起来了，能自主地开展工作，只需要在关键节点上寻求你的支持。

4. 基于弱点的信任

我觉得信任是创业型企业中人与人之间最重要的根基，这种信任不仅有能力层面的，还有情感层面的。如果公司的创始团队及管理团队都比较稳定，他们之间由于各种因缘际会走在一起打拼，形成了一种相互信任与默契，这是组织高效运作的基础。

创业企业没有那么多的条条框框，也没有那么多的管理成本，所以人的付出与投入，更多是基于自发、自驱力的全部投入。创业型企业管理团队之间的信任，更多是基于弱点的信任。在大公司，每个人都很怕在上司或间接上司面前暴露自身的弱点，因为你有弱点被看到、被抓住了，可能会在某种情况下被放大，成为后续你被动"出局"的起因，或者成为"压死骆驼的最后一根稻草"。而创业型企业，大家知道你的弱点，也接受了你的弱点，把它作为一种存在的常态，更多是考虑如何通过团队来弥补你的弱点，通过工作的安排来规避你的弱点，发挥你的优势。

创业型企业一定不是追求个体完美，而是追求一个团队的完美——搭配后的团队结构、能力相对均衡，是最优、最强的。

5. 灵活机动的文化

创业型企业是在"高速公路上换轮胎"，面临快速变化的内外部环境，必须在大方向确定的基础上，有着灵活机动的机制与文化，在动态中实现平衡。在规范、边界、规则管理、预算管理等方面，可能不适合在一开始就划线、"一刀切"。

很多事情都是先定个大的方向、目标与框架，然后执行过程中可以根据进展的情况做一定的灵活调整。这是摸着石头过河、灰度管理的方式，坚持不变是很难适应创业型企业的发展需要的。但在价值观、判断人与事的基本原则等问题上，应该始终稳定、一致。

6. 团队文化与公司文化并存

创业型企业还有一个特点，就是各团队、各部门的文化比较明显，而公司的文化不明显，甚至不知道公司的文化是什么。所以，哪个为重，哪个需要发展，以便更适合公司的发展，是需要考究的。

很多员工愿意留在公司，可能是所在团队文化比较好，同事间相处融洽。创业型企业的组织形态（无形的）是一撮一撮的，就是每一群人认准一个小领导，而这些领导和认准他的团队成员，组成了整个公司。这是一个规律，我们应该接受，并良性引导和管理，但又不能只发展这种团队文化。

一定要在这个基础上，发展出公司整体的文化，公司整体的文化才是最重要的，要让它变得可见、可感、可触摸、可延伸、可传承。这是所有创业型企业的难题，也是挑战。一旦跨越了团队文化的层面，走向公司统一的文化共识，这个组织就有了持续成功的基因。

八、创业型企业如何抓好文化建设

1. 文化如同每天呼吸的空气

对于创业公司，每天忙业务、打市场，很多人认为文化较虚，不知从何抓起，抓了也难有成效，所以选择了忽略、顺其自然的态度。从我的切身体会看，文化实在是太重要了，因为它是一个公司总的导向，如同指挥棒，虽然无形，但无疑它是时刻存在并发挥作用的。公司内的一切人、事、活动，都受这根指挥棒的影响；犹如乐团的指挥，他手中的指挥棒是乐团的灵魂，所有成员都随着这个节奏走：或激昂，或轻缓。

你走进一家公司，从公司的环境、员工的工作状态，是可以直观感受到公司的文化的。比如：员工忙碌的身影、相互沟通的情形，甚至或生动、或麻木的细微表情，无一不是文化的体现……你甚至可以闭上眼睛，去用心倾听和感受公司内流动的声音——它是杂乱无章、毫无生气的，还是活力洋溢、井然有序的，公司文化之优劣便可窥知一二。

文化，是员工每天呼吸的空气，它可以是清新的，随时让人保持清醒的大脑与旺盛的工作激情；也可以是浑浊的，让人皱眉难耐，不愿久留，只想快点下班离开。

2. 文化建设的抓手：关键事件与日常行为并重

文化建设，必须要有抓手，而这抓手分为两个方面。

一是关键事件，即"颗粒度"较大的事情，既包括正面的事件（如市场项目拓展成功、高峰冲刺、项目上线等），也包括负面事件（比如违规违纪事件、客户投诉等）。

二是公司日常经营、管理活动中的点点滴滴。这里面涉及太多工作场景了，开会场景：是否准时、不参会是否请假、是否鼓励发言、别人发言是否倾听与积极回应等。跨部门工作场景：是否积极配合，是指责态度还是协同态度，资源分配是否从公司全局考虑等。人际互动的场景：是尊重友好地沟通，还是沟通不畅，发生冲突等。安排工作的场景：是既考虑到组织的需求，也考虑到下属的实际情况，保持弹性，还是服从第一，你的困难自己搞定，等等。

重点强调一下第二个方面，就是日常工作的点滴。

文化要从小抓起，随时激励正向的行为与结果，随时纠正不良的行为与结果。组织里任何一个部门、员工，只要是为创造客户价值做出努力的，都应该得到肯定、鼓励。努力后的最终结果固然重要，但同样重要的是过程的关注、关怀与鼓励。有了结果，可以有正式的表彰与奖励，但没有结果之前，对于过程的投入，也是需要激励的。有时候，过程激励的效果不亚于对结果的激励，及时激励非常重要。

3. 保持中正

无论是公司 CEO、CHO 还是其他高管，保持中正是很重要的，要坚持中道而行、客观公正。

有的公司领导会担心，自己越级或跨部门对其他部门、人员进行鼓励、表扬，是否会让别的部门、人员有想法，这种顾虑大可不必。工作的安排、正式的表彰是需要有组织、有流程的；但是，那些体现企业文化的正向行为和事件，是不分组织边界的。我们要让全员都看到、关注、鼓励、强化正向的行为，而对负面的行为要重视、不放过、不纵容，要明确指出来，及时纠正。

任何一个高管，都可以对组织中的任何一个部门、个人的正向行为，即时给予公开或小范围的直接鼓励和表扬，无关层级和部门。这是一种全公司应该形成的正能量文化，只要是中正的，何惧别人有想法。有想法的人，就是没站到公司全局去考虑问题。有全局观的管理者，才是值得鼓励的。

我们不要迁就局部的、狭隘的感受，关注全局性的价值创造，这就是公司的导向，公司必须弘扬正气。

4. 领导如风，吹拂大地

公司高管要像和煦的风一样，吹拂大地，不分高山或低谷。公司高管要更多从一线管理者和员工的角度考虑他们需要什么，而不仅仅是管理层需要什么。基层主管和员工，他们需要被看见，需要被鼓励和认可。而来自高层领导的鼓励和认可，是最有效果的。这是高管的责任所在。

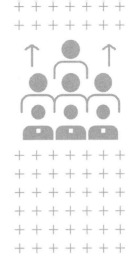

第十四章

经济下行期，HR 长期主义者帮助组织应对不确定性

HR 长期主义者会基于公司全局效能提升来做人效管理，这与以往每个部门割裂来看人效指标管理的做法大相径庭。当经济下行或企业经营不佳时，HR 长期主义者会更理性地看待裁员，寻求更优的解决之道，并通过结构性调整帮助组织应对不确定性。

一、回归人效管理的本源

1. 人效提升，不是调整公式达到的

某创业型科技企业在做人效提升方案，先是在公司级制定了人效提升指标，比如人均销售收入、人工成本收入比（人工成本/销售收入）等。公司也对前台销售部门制定了量化的指标，如项目拓展数量、销售收入等；还有一些后台专门负责交付的部门，因为有明确的交付量与人数要求，也比较容易计算，用人均交付量就可以。

但对其他中后台部门，比如售前解决方案部、研发部、人力资源部、财务部……如何制定人效指标，公司有点犯难。这些中后台支撑部门，似乎难以用一个指标来量化衡量。比如研发部门曾考虑用研发支出占比（研发总成本/年销售收入），或研发沉没成本占比（研发沉没成本/研发总成本）来衡量，但讨论来讨论去，似乎并没有完全体现研发部对内外部客户产出的价值。又比如售前解决方案部门，不是做方案越多越好，还要看方案被客户认可或中标的程度，而客户认可甚至中标又不仅仅是因为方案本身；再加上中标是小概率事件，不中标反而是大多数，成功的可衡量样本就很少，而且不同的项目，其颗粒度大小、价值性不一。

财务部、人力资源部也碰到了瓶颈，比如用人均服务比（年公司在职人数/年部门平均在职人数），但碰上宏观经济环境不好，企业面临的不确定性增加，主动做了组织瘦身，包括财务部与人力资源部。那么，这个人效指标似乎一下有了大幅提升，但这说明了这两个部门的人效提升了吗？

所以，当人效管理拿一个量化的指标去衡量，而且这个指标只是在本部门内"打圈圈"的话，似乎并不能真正衡量该部门人力效能的实际情况。对于经营单元，或者直接承担经营指标的部门，是可以用量化指标来衡量的，特别是前台部门及可建立交付基线的后台部门。但是对于中后台支撑部门，用一两个量化的人效指标去衡量，似乎有些失效。可能你选取的指标并不能客观地反映该部门效能情况，到最后就变成了一种数字游戏，就是变动了分子或分母，然后达标了。但真实的人效提升，是通过调整数学公式来达成的吗？

2. 中后台部门的人效体现：对周边绩效的贡献

人效提升应该是切切实实的工作，这些工作不仅仅是局限在本部门，而是促进了公司的整体人效提升，因为有的部门天然就是通过服务、支撑其他部门来体现自身价值的。比如，人力资源部协助业务部门制定出高质量的绩效目标，并组织好绩效辅导与沟通反馈工作，让业务主管与员工充分达成了一致——就这简单的一项工作，可能就帮助公司整体提升了绩效。但这可以只用一两个指标来表达吗？是用绩效目标覆盖率、绩效反馈覆盖率？这种指标比"人均服务比"要好，但能准确地反映人力资源部的效能吗？

人力效能，回归其本源，是对组织创造的价值，它是通过不同部门、团队的交互作用产生的。对于中后台部门，不应该仅关注自身的效能提升，而应该关注对其他部门、对组织整体效能提升起到什么作用——这方面起到了作用，你自身的效能自然也体现出来了。中后台部门应该对提升企业的业务能力、组织能力起到作用，应该交付具体的业务成果，帮助组织"长肌肉"，沉淀出有用的"知识资产"，培养出一支有专业能力、有服务精神的队伍。

也许，非数据化的人效衡量才更有效，衡量你实际做了哪些事情，做得效果如何，周边反馈如何，比简单地用一个指标、公式来表达，来得更加真实、有效。

二、裁员的后遗症

有段时间听说企业裁员的消息很多，企业为了求得生存与发展机会，采取人员优化的举措无可厚非，但一定要做好充分的评估、筹划和准备，才能确保裁员没有"后遗症"。我了解有一家企业，看到春节后业务量进入低谷，而且在接下来的两三个月内可能都不会有大的起色，于是做了非常严格的裁员计划，把各团队所需员工数量计算到最极端的情况（下限），然后大刀阔斧地进行裁减，优化比例平均为20%，部分团队超过30%，并支付给优化的员工一笔不小的补偿。

结果刚把人员优化了，保留下来的员工就不稳了，接连提出离职，特别是有一个关键的对客部门，原有班底几乎"出清"，导致客户侧的工作频频"亮红灯"。这时，企业只能重启招聘工作，但招聘的时间周期是一个问题，人员培训的成本也是一笔无形的投入。这种情况是很多企业始料未及的，最后算下来可能并没有真正节省成本，反而是增加了。而且，最大的损失在于给业务造成的影响，包括业务能否接得住，客户满意度下降，客户流失，市场机会丢失等。

1. 裁员要注意人数边界与结构

企业在规划"组织瘦身"、人员优化时，一定要充分评估组织能承受的裁员的边界、临界点。因为一个组织或团队，其架构的稳定性是有一定的人员结构、数量要求的。到了某个临界点，可能整个团队架构稳定性就会出现问题，团队就会有"崩塌"的风险。

在裁员时，对裁减人员的结构要特别讲究，你可以减去一些非核心业务的岗位与人员，但业务主航道、主流程上的岗位与人员不能做太大变动，因为这些都是核心业务或其支撑。就像房子不能拆了承重墙，一拆，房子可能就塌了。我突然想到房子盖好后脚手架拆除的例子，拆脚手架应该与减员类似，是很讲究步骤的，搞不好则可能对建筑本身及工人的人身安全造成严重影响。

2. 要留心裁员的"尾流"

不要以为裁员，受影响的只是被裁掉的员工、离开的只有被裁掉的员工。裁员的影响是有扩散性、传染性的，容易造成人心动荡、军心不稳的情况，其他留下的员工也会缺乏安全感，对公司的信心下降，他们可能出于职业发展考虑（获得更为主动的选择权），会去看外面的职业机会，并提出离职申请。

没有被裁的员工也会因为裁员的影响主动提出离职——这是一个规律，而且每家企业、每个团队都会有一定的比例，这就是裁员的"尾流"。企业一定要把这个"尾流"的数量计算进去，看你的组织最后剩下多少人，能不能接得住业务。

当然，可以事先做一些准备工作，比如在裁员前，先和公司计划保留的员工沟通，询问他们的意见：如果公司有一定数量的裁员（但不是他们），他们会不会考虑继续留下来，还是会主动离开。这样沟通过之后，你会心里有数，有多少人会留下来，有多少人会离开。如果有的人有主动离开的想法，你可能要把这个因素考虑在整体裁员方案或预案中，前瞻性地去思考与准备，就更能有主动性地应对裁员的后续影响了。

3. 要考虑好业务复苏后怎么办

一定要考虑好裁员后，如果业务复苏怎么办。你是会重新启动招聘吗？招聘什么岗位、招聘多少人？是用自有员工，还是用实习生、顾问、人力外包或业务外包？这就要对业务复苏的时间、规模进行一定的预测，并根据业务复苏的情况计算不同层级、不同岗位的人员补充、分配，提前为业务量复苏做好人员预案。

裁员的前提是要确保组织的再生、再造血的功能，不要自己把组织的核心功能、最后的"班底"都破坏了，那就变成"自废武功"了。让组织保持可扩展性、弹性是非常重要的。

4. 用强制休假代替裁员

如果企业只是遇到业务淡季，过了淡季后一定会迎来业务的高峰，或者业务在不长的时间（一般情况是 6 个月）内就会复苏，那么，裁员就不是必选项了，而是一个可选项，另一个可选项是强制休假。

有计划地开展员工轮流强制休假（优先用不算薪的事假）也可以在一定时间内快速、大幅降低成本，比如一个部门分成两批人，各半个月轮流休假，那么人员成本就降低了 50%。如果整个公司在淡季（如一个季度）都实行这种机制，那么一个季度就相当于支付了约 1.5 个月的人员成本。当然，这种方式需要公司管理层的决策，需要各部门负责人的充分认同与配合，并需要充分与员工沟通，获得业务主管与员工的支持，才可以实施。

最为重要的是，强制休假的出发点是为了保存员工全体，但这需要获得广泛的认同与支持。强制休假也要评估好风险，管理好预期，否则，有可能出现优秀员工流失的情况，因为他们的收入减少了，工作缺乏挑战性，有更多的时间去外部面试。

总之，裁员的动作要慎之又慎。预则立，不预则废。裁员如果是跟风式"止血"，可能会让企业提前"阵亡"。充分考虑好各种情况，做好风险评估与应对预案，才能减少裁员的影响，并通过裁员进一步激活组织，实现人员结构的优化，并为后续业务发展奠定基础。

三、HR长期主义者如何帮助组织应对业务不确定性

当我在华为外派印度尼西亚工作的时候，那两年的运营商业务市场不太好，业务增长面临很大的压力，公司对组织做了较大的调整，并做了一系列内部管理上的应对。记得当时的运营商事业部总经理说过一句话，至今我还印象深刻："在面临不确定性的时候，唯一能确定的是我们自己的努力和我们的团队！"

1. 如何理解不确定性

对于企业来说，外部市场环境、客户情况、友商情况的变化，以及内部业务与人的变化，都具有一定的不确定性。拉姆·查兰在《求胜于未知》一书界定了不同类型的不确定性。他把不确定性分两种：

第一种叫经营性不确定性，在一定程度上是在预知范围之内的，且并不对原本的格局产生根本性影响。经营的不确定性不会改变大的格局，但是它会影响盈亏。

第二种叫结构性不确定性，它会改变产业格局，带来根本性影响。

因此，识别结构性的不确定性才是关键。正如拉姆·查兰在书中介绍的那样，经营性不确定性并不可怕，现有的方法足以应对。真正可怕的是结构性不确定性——这些是真正的"灰犀牛"！因为这是源于外部环境的根本性变革，如果没有及早觉察、提前布局，等到变化真的发生时，原有业务只有"死路一条"。

大家对经营不确定性多少敏感一点，因为人们对盈亏很敏感，但是对结构性不确定性很多人不敏感。值得注意的是，今天企业所面临的正是结构性不确定性。这种不确定性颠覆原有的市场环境及行业格局，使原有的市场空间和行业规模急剧缩小，甚至完全消失；这些不确定性因素具有长期性，是不可抗拒的；对于那些缺乏准备的人，巨变的到来犹如晴天霹雳，似乎完全没有任何征兆。

这种极具颠覆性的结构性不确定性是全球性的，而且会像原子裂变般势不可挡。

2. 如何识别不确定性

对于管理者来说，首先是要识别不确定性。所以，管理者一定要对变化敏感。拉姆·查兰认为，管理者最重要是求胜于未知，要意识到不确定性，而且一定要意识到结构性不确定性。书中提出以下有益观点：

①优于他人的侦测感知能力，这让你能先于他人发现那些能重塑你市场空间并造成你的路线图严重偏离的催化剂事件。

②有勇气承认，那些曾经让你成功的因素可能不再起作用。

③无所畏惧，不愿处于守势。

④时刻将你的企业置于下一步的位置上，以创造新鲜事物与巨大的价值。

⑤拥有将企业从不确定性引向机遇的思维方式。

⑥拥有带领企业驶离不确定之海并让组织敏锐化的技巧。

⑦主动应用一系列新型社会工具以持续地平衡长期与短期效应。

⑧调整预算与资源分配比率，以确保组织资源与扩张速度的步调一致。

3. 通过结构性调整，应对不确定性

那么，企业如何对抗、降低这种不确定性呢？我认为，对抗和降低不确定的方式，就是通过它的反面——确定性。

企业要通过确定性降低不确定性的影响，用确定性来对抗不确定性。对于企业来说，哪些是可以提升确定性的呢？我认为最可构建和依赖的确定性——方向的正确，底线的坚守，人的主观努力、精神状态，人的能力提升，团队的团结与协同。以上这些因素的确定性是对抗环境、业务的不确定性的重要保障。

确定性来源于什么？来源于结构性。什么是结构性？结是结合，构是构造，合起来说，就是相互关联、互相支撑的有机构成。调整结构是应对不确定性的重要手段。因为确定性来源于结构性，所以，结构性的调整会带来确定性。

企业要主动去进行结构性的调整、变革，以适应新环境变化的结构性特点，来获得更多的确定性。

（1）调整业务结构。聚焦核心业务，更注重存量业务的稳定、保持与挖潜；对新业务持谨慎、稳健的态度，避免铺得过大，成本失控，只开花不结果；适当地关停那些尚在市场摸索期，或市场增长不乐观、成功概率低、不

能带来现金流和利润的业务线（很多互联网公司在做的事情）。

（2）调整成本结构。开源节流，对所有成本费用进行审视，制定效能提升目标与策略，该花的就花，不该花的坚决不花，要求全员厉行节约（如非必要不出差，降低差旅标准、福利标准，节约水电气等）。

（3）调整组织结构。审视各层级组织，减少层级，减少部门；基于客户视角，如果一个部门不能给内外部客户创造价值，就坚决撤销或合并；减少的只是承担管理职能、以管控与上传下达为主要功能的组织。

（4）调整人员结构。减少管理岗位，减少中后台部门人员投入，人员前移、下沉到一线，做厚客户界面；严格审批中后台人员的编制，中后台人员增加应建立在前端业务有更多增量基础上。

4. HR 长期主义者通过政策、机制等为企业构建确定性

对于 HR 来说，构建 HR 制度、政策、机制、流程等，就是构建了企业内部资源投入、流向的结构性，从而提升了人力资源供给、能力释放的确定性。

HR 要主动去推动组织与人才方面的结构性变革，以应对外部环境与内部业务的结构性不确定性，以便组织获得更多的业务机会，增强组织的"反脆弱"能力。HR 从事制度、流程、机制等的构建，以及通过一个个人力资源项目去落地，其实是在修一条条的河道，然后让这些河道能够流水。HR 要从结构上去解决问题，把方向不确定的、到处游走的水流，变成流向确定的河流，就如同水利工程一样，让水流聚在一起发挥巨大作用。

水利工程的稳固性、坚韧性，就在于其独特的结构化。系统性的人力资源管理机制，能够结构性地构建企业的人力资源竞争优势与组织能力。所以，HR 与企业家、CEO 沟通，应该以何种结构性的举措，去改造企业的人力资源生态环境，形成一种人力资源"基础设施"，显得尤为重要。

本质上来说，人力资源管理是把人的知识、技能、经验进行结构化的使用；人只是知识、技能、经验的载体；而企业环境及其内部的人力资源机制

是整合这些知识、技能、经验等的场景、方法与工具；发挥人力资源的效能，就是把人本身以及人内在的知识、技能、经验进行更优的结构化组合、配置、使用。

人力资源构筑长期工程，其实就是用规则的确定性来应对未来的不确定性。这个规则，既包括 HR 制度政策，也包括 HR 流程机制、HR 系统平台等，通过这些相对确定的运作，使人力资源优势得到积累、沉淀、升华。当然，人力资源工作不是一成不变的，构建的长期工程也不像楼房一样不能动，动了就会崩塌；相反，它应该是动态调整，不断进化与优化，甚至不断变革的，以进化、优化、变革来应对变化，用动态变化规则的确定性去应对未来的冲击。

阿尔文·托夫勒在《未来的冲击》一书中提出，应对未来需要五种能力：洞察机会（市场洞察）、预期改变（战略规则）、了解结果（流程重构）、鉴别关联（关系建设）、准备改变（组织、文化）。

这几种能力在人力资源管理领域都得到了应用，而且，组织与文化是人力资源管理特有的领域，是人力资源管理的抓手与落脚点。

人力资源长期主义的思维，就是在灵活多变的日常工作场景中建立一种从个案到整体、从随意到有序的运行机制。这就像一条河流，有多个支流，溪流是无序流动的，方向不一致，比较散乱，力量也相对弱小，导致最后可能干涸消失。所以，我们需要聚溪为河，然后通过河道的牵引，从小流变成大流，到浩荡奔腾的大江大海。这就是规则的牵引，是从较多小案例、小趋势中，得出大概率的流向，并为此专门开辟河道，让企业内各种方向不一的散乱力量聚集在一起，方向一致的、浩浩荡荡地奔赴目标。

《价值》一书中提到"长期主义是一种热忱，意味着无数力量汇聚到支撑人类长期发展的基础领域，形成一个生生不息、持续发展的正向循环。""流水不争先，争的是滔滔不绝。从事任何工作和事业，只要着眼于长远，躬耕于价值，就一定能够经受时间的考验，找到迎接挑战的端绪。这是一条越走越坦然宁静的道路。"我深以为然。

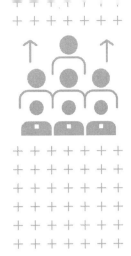

第十五章

目标：HR 平台化、数字化

　　HR 平台化、数字化是 HR 长期主义者追求的目标，目的是把工作场景数字化，实现组织所有人员的线上协同办公，提升管理决策效率，进而促进公司经营与战略落地。HR 平台化、数字化要结合企业实际发展阶段所需，以及企业人群的特点，逐步进行推进，同时，要充分考虑人性的因素。

一、飞书：HR平台化、数字化运营的典范

我有幸和数十位 HR 同行参观了推出"飞书"产品的知名互联网公司，并针对"HR 数字化"主题进行了深度研讨。此次参观对大家触动颇深，也让我对 HR "长期工程"建设有了更多的思考。前文中我介绍了"HR 长期工程全景图"，我认为该互联网公司在"平台化/数字化"方面做得是非常好的，堪称典范。

1. 没有"总部"的公司

在研讨会刚开始时，主持人卖了个"关子"，说该互联网公司是没有总部的，我觉得很好奇。研讨会快结束的时候，大家终于有了答案：该公司的总部不是实体，而是线上的，在"飞书"上。这个"线上总部"其实就是数字化平台，一个线上协同办公的平台。"飞书"贯穿了员工在该公司的全生命周期，覆盖了几乎所有员工在该公司的各种场景，可以说是提供了"一站式的解决方案"。这个解决方案，把组织这个载体里的三项关键因素"目标—人—协作"真正串联起来，动起来，活起来了。

2. 触手可及的 OKR 与线上协同

在该公司，"飞书"上呈现的公司的战略目标沿着组织架构，自上而下层层分解，最后呈现出漂亮而壮观的"鱼骨图"。OKR 是全员可见的，每个人在写自己的 OKR 时，可横向、纵向地浏览其他人的 OKR（你关注的或与你相关的），这样尽可能地纵向对齐，横向拉齐。OKR 触手可及，促进了个体间的彼此了解与沟通配合。在周期 OKR 协同会议上，几十人同时在线，回顾

OKR 进展、更新 OKR、寻求支持、做出分工协同安排等。

"飞书"上的"会议妙记"可自动输出会议纪要，关键词智能提取，音视频（可灵活回放、快放）转文字（音字对应播放），精准识别讲话人，搜索快速定位，多语一键翻译等功能，也很具创意性，对会议效能的提升程度让人赞叹。如果你被拉入一个数十人参加的线上会议，会上大多数人你都不认识，你可以在开会的同时，浏览每个参会人员的背景信息（部门、职位职责、专长、职业经历等），相当于人才卡片，快速增进相互了解。

"飞书"在"国际化会议沟通"方面的效能提升堪称一绝，"飞书"实现了 AI 实时翻译，不同国家的员工，你只要会说本国母语就好了，因为你所说的话都会按参会人所需，即时翻译成其他国家的语言，而常驻其他国家的员工所说的话，你也可以选择只看自己的母语翻译。这就实现了沟通语言的全流通、无障碍。

回想起我之前在华为工作的经历，无论在国内还是海外，只要涉及跨国沟通（书面或口头），都必须使用英语。这对个人的语言能力提升、国际化思维的养成当然是有好处的，但有时沟通效率、效果会受到一定的影响。这一点真的不能完全说孰优孰劣，只能说各有优劣。

3. 不是人找信息，而是信息找人

"飞书"还有一点让我印象特别深刻，就是信息的自动增强，在使用该平台时，随处可见信息的"链接点"，实现了"不是人找信息，而是信息找人"的效果。比如说，你想了解一位你不认识的人员，你只要点击他的头像，就会出现专属于他的"我的使用说明书"。

该公司提倡以用户体验为出发点，员工从入职的各项手续（签合同、领取办公设备与用品等），到在职的各种异动（晋升、调薪、调岗、培训等），再到离职的全生命周期，里面遍布了不计其数的"小场景"，把员工"自助化"的程度发挥到了极致。

4. 工具就是战场上的"武器"

该公司的快速成长有一个很重要的因素，是对于"工具"的高效使用，提升了组织效能。该公司把工具提升到了前所未有的高度：工具之于企业，正如武器之于战场。

这次研讨会还介绍了电子签（电子签约工具）、飞书合同（电子合同）等系统，把业务的场景（如签约管理、合同管理场景）也体系化地管理起来了。如果按照这个逻辑发展下去，可以把企业内各种活动场景都进行全覆盖，可以真正实现"工具赋能组织进化"的效果。

这个进化，从 HR 的维度，该公司的同事介绍了一个演进的逻辑：HRIS（human resource information system，人力资源信息系统：以组织人事和薪酬为主）——HRC（human resource center，人力资源中心：以能力为核心）——work tech（工作技术，意即数字化在线协同办公：关注战略有效落地，内部高效协作）。这个逻辑我认为还是比较清晰的。

确实，我们已从自上而下的组织驱动，逐渐走向一个团队、个体自我驱动，从"单核驱动"走向"多核驱动"，这是组织活力被逐步激发的体现。该公司在平台化、数字化的很多探索和实践，给我们描绘了"未来组织"进化的"雏形"，我们必然顺着这一条河流往前发展。这条路，是一条信息随手可取、个体充分激活、连接成为常态，工具深度赋能于人，数字化赋能组织进化的路。

二、HR平台化、数字化转型，往何处走

企业 HR 平台化、数字化转型，最重要的是其目的与作用，而目的与作用的实现，又取决于对其方向的规划。那么，企业应该有怎样的 HR 平台化、数字化转型的方向呢？

1. 体现经营管理的长期追求

HR 平台化、数字化转型，通过将数字技术整合到 HR 运营流程、产品、解决方案、人员互动中来，形成一个提供综合性 HR 服务的支持平台，进而支撑经营管理的升级、创新。HR 平台化、数字化是为企业经营管理服务的，要能指导经营、改善管理。

企业经营管理的背后，有业务的数据、财务的数据、人的数据。人的数据是 HR 平台化、数字化内容的一部分，但绝不是全部。从趋势来看，它是往业务数据、财务数据延伸的。HR 平台化、数字化不只是反映当期的经营管理，还要能预示中长期的经营管理所需，要体现长期主义的方向指引。

HR 平台化、数字化的长期主义，不仅在于选取更有长期意义的数字化指标（如新业务领域的人员数量、结构与质量），还应在于 HR 数字化产品的选择或开发上（如 HR 智能机器人）。HR 平台化、数字化应能提升人力资源管理的精准性、有效性，通过人力资源管理的政策、举措，提升人的布局、技能/能力、绩效水平，赋能管理者，提升管理成效，进而提升企业经营水平。

2. 充分考虑人性

HR 平台化、数字化毕竟是人（管理者、员工）在使用的工具、产品，要考虑到人的体感问题。良好的体感，不仅在于信息呈现的内容与形式（如更简洁、更清晰、更形象、更美观），还在于信息能够随手可得，因需而得，应是"信息找人"，而不要"人找信息"。

HR 平台化、数字化，应能促进人与人的沟通，使沟通更透明化，减少信息偏差，减少人与人之间的误解、误判。HR 平台化、数字化，不要给管理者、员工一种被数字淹没的感觉，导致出现数字免疫、数字恐慌、数字无视的现象。

平台化、数字化，一定不要过度，导致数据化工具、数字化信息占据了员工绝大部分或所有的工作时间，使人变成了工具。要知道，是人在用工具，不是工具用人。不要因为平台化、数字化浇灭了人内心的热情，降低了人与人之间情感的交流、热情的相互激发。

3. 自上而下、自下而上的"握手"

大多数企业的HR平台化、数字化，都是自上而下进行设计的，就是公司需要什么，我就怎样设计。这样的平台化、数字化是很难被推广与应用起来的。HR平台化、数字化一定要"双向车道"式设计，由上而下、由下而上地进行结合。如何由下而上，就要先解耦掉企业从组织层面的数字化定义与框架、产品设计，而是基于一线员工的需求与痛点，进行自定义、自创造，由下而上地涌现与驱动，实现上下的握手。

4. 产品化+场景化

虽然HR平台化、数字化主要服务的是内部用户，但内部用户也是客户，客户对产品化的服务，会有更好的体验感。所以，HR平台化、数字化一定要产品化，变成"数字化产品"，只有产品才能产生良好的体验，并能持续改善与提升体验。

另外，HR平台化、数字化要和场景化相结合，HR数字化产品应基于HR管理的场景去挖掘、构建与发展，并反向来改造、优化HR管理场景。

5. 开放性与可扩展性

HR平台化、数字化产品，要具有开放性、兼容性、可被集成性，以及轻量化、低成本、易插拔等特点。因为HR实践是不断丰富，并且HR数据越来越呈现与经营数据的融合，HR场景也越来越呈现与经营场景的融合，因此HR数字化一定要更开放、更包容、更具有扩展性。

最后，对HR平台化、数字化的价值评估，要结合个体、部门、公司的维度，也要结合过去、现在、未来的维度，从更广的维度、更长的周期，来看HR平台化、数字化对企业经营管理、文化生态、管理者与员工的改变。

从根本上来说，HR 平台化、数字化应能改变企业运行发展的轨迹。

三、HR平台化、数字化：想说爱你不容易

前面提到 HR 平台化、数字化的应用，将是企业未来的发展方向。由于对这个主题比较感兴趣，我和几个 HR 伙伴组织了一个沙龙，讨论了相关问题，以下是我们讨论形成的一些观点。

1. HR 平台化、数字化带来积极的改变

我们认为，HR 平台化、数字化确实可以在某种程度上提升企业的经营管理效率，因为通过平台化、数字化的沟通方式，信息的传递是在一个面上的、即时传递的，而不是传统点状的、有时间延迟的沟通方式。

另外，数字化是可以有"定向制导"作用的，因为数据可以呈现事情发展的轨迹、方向，在此基础上可判断未来的发展趋势。业务过程中产生了数据，但数据又反过来指导、驱动了业务的发展。如果企业自研的平台化、数字化产品能在自己企业的工作场景中应用，通过实践检验及数据积累，本身可形成一个"产品"，这个产品不仅可以自己用，还可以输出成为市场化的产品。

平台化、数字化的应用，是一种思维的转变，从自上而下的管控与集中，转变为自下而上的信息反馈与逆向影响，作为组织管理决策的重要参考依据。因为信息的产生是在组织的各个角落，也是贯穿了端到端的业务流程，所以这是一种去中心化、分布式的组织运行，甚至使组织呈现一种"涌现"的状态。

2. 不同的企业与人，平台化、数字化是有差异的

不是所有的企业都需要全面的平台化、数字化，平台化、数字化是一个渐进的过程。

对于不同行业、不同规模、不同发展阶段、有着不同人群特点的企业，应该是有不同的平台化、数字化推进节奏的。比如，有的互联网企业已经达到80%以上的平台化、数字化，但有些传统行业的企业可能才10%，而从10%推进到20%，已经是一种很大的进步了。

对于不同的人，其对平台化、数字化的接受程度也是不一样的。比如现场一个HR伙伴，认为能接受70%以上的平台化、数字化工作场景，而其他HR伙伴，由于性格特点、对平台化、数字化应用场景的喜好程度不一样，有的仅能接受30%或50%的数字化工作场景。

在讨论过程中，有一位HR伙伴提到，对于其所在的企业，在平台化、数字化推行上可能更适用于"保守性""规划性"的原则，即推行平台化、数字化应该是稳健而可控的，最好有一个中长期的全景推行规划，近期所做的事情一定是和中长期规划相匹配，而不是相冲突的。而对于另一位HR伙伴，他认为自己所在的组织应该更激进地推进平台化、数字化，短时间可以从20%推进到60%，这样才能对组织中人的观念产生变革性的影响，组织的运行效率才会有质的提升。

3. 人性是不应被忽略的

在讨论过程中，我们不约而同地提到"人性"这个词。平台化、数字化是否符合人性，或者在多大程度上影响了人性、制约了人性，会不会有违人性或与人性冲突的情况。一位HR伙伴提到，过于平台化、数字化可能会让组织变得冷冰冰的，没有人情味，缺少情感归属。确实，除了有效率的工作，我们在工作场景中还有其他的内在需求，如自由度、创造性、激情、交流的快乐等。

所以，适当的"留白"是有必要的。我们不能让平台化、数字化把我们工作的空间都安排满了，而要给人性留出一些空间。这样，我们才有张力，才有弹性。平台化、数字化是服务于人的，而不是人服务于平台化、数字化的。

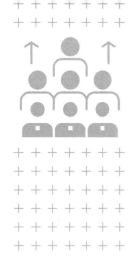

第十六章

HR 长期主义者的自我提升

HR 长期主义者需要了解自身优劣势与价值点,知道自己适合在什么平台上发展,不断优化自己的底层思维,把自身职业过程的沉淀变得"产品化",并通过读书、写作等实现自我提升与超越。HR 长期主义者需要知道自己从何而来,什么是现在的样子,向何方去,追寻自己"最初和最终的自由"。

一、最初的职业对你的影响是什么

1. 毕业第一份工作的选择

我们从大学毕业出来，最初选择的职业对我们的影响是什么，不知大家有没有思考过。大学毕业时，我们的社会经验还一片空白，我们对职业的选择，更多还是出于自己内在的、天然的直觉。

这种直觉，有点类似一周岁时父母让我们抓阄，有着偶然性，也有着冥冥中的必然。你抓到了什么，到后来好像可以演变成你的职业或爱好，也许是父母的先入为主，有意识或无意识的引导，又或者是我们自己的心理投射产生的结果。但第一份职业，我们朦胧中的选择，应该是暗含了我们内在的某些倾向、诉求的，代表了自己喜欢的一种做事的场景。

比如，我刚毕业那会儿，大家都忙着去大企业工作，我却慢悠悠的，不着急，最后找了一家管理咨询公司去做一位咨询顾问的助手，他给我分派了写书以及写咨询报告的工作。虽然我在那家公司没工作多久就离开了，走上了人力资源工作者的道路，但当初做管理咨询类工作的想法，如隐隐约约的灯光，在不经意时"引诱"着我，有几次我都想"挣脱"常规的企业 HR 实务工作，去投身管理咨询行业。也许，有一天在企业干"腻"了，或者退休了，还会重拾当初的梦想。

虽然没有真正去做管理咨询工作，但这种工作场景，却是我在日常人力资源管理工作中最为享受的，比如写工作方案，和同事讨论人力资源管理思想、理念与方法，给员工做主题培训等。在工作之余，我喜欢看书、写作，这几乎是我唯一的爱好，占了我业余时间的 80%。这些事情，我一有空就想去做，它好像紧紧地把我抓住了，每一分、每一秒都在其"罗网"中。在从事这些场景下的事情时，我似乎能感觉到一种心流，它在悄然地流淌，淌过干涸的心田，滋润内心，有丝丝的不浓烈却说不出的甜美。

2. 平静河面下的潺潺潜流

我们每个人，也许都有着最初的梦想，也想象过自己最终的自由，那是一种你想过的生活。这种生活，也许在你目前的工作上，不是那么明显地留有痕迹，但它一直在悄悄留下痕迹。它不是宽阔的河面上，快速向前的水流，而是我们看不到的，河面下涌动的潜流。这个潜流，也许就是我们内在的心流。

我有一个同学，最初毕业时选择了做销售工作，她喜欢挑战、自由、与人交流，并希望借助过人的努力创造出更多的财富。销售工作的经历延续到她毕业后的好几年时间，后来阴差阳错，她去做了人事行政工作，再后来结婚、生小孩、回归家庭。直到近不惑之年，她又去了保险行业，做起保险销售工作，苦在其中，也乐在其中。

所以，你最初、最终要走的路，可能在一定程度由自己的个性特点、价值取向决定了。无论如何，你最终还是会回归到这条属于你的道路上。

3. 找到你的心流状态

最近我把毛姆的《月亮与六便士》又看了一遍，主人公放弃稳定的大城市工作、抛家弃子到南太平洋的小岛上去画画，去寻找内心艺术的呼唤，并在人生最后的日子里创造出旷世之作，却让妻子在自己死后把自己最伟大的创作付之一炬。

他似乎一生都在努力挣脱世俗的羁绊，回归到生命最原始的状态，让鸿蒙初生的创造力得以宣泄、迸发，仿佛这样，他才真正地实现了自己。我相信，在画画的时候，他一定是在经历着心流的状态，他忘掉时间、空间，忘掉自己，忘掉所有，尽情享受心流的潺潺而出。

心流，其实也是一种对自己内心未知世界的探索，对自我创造的不确定性的探索。这种探索，似乎总有着内在的新奇、刺激、冒险，欲罢不能，别人看不到，但自己却真切感受到。就如电影《无依之地》的导演赵婷说："我们一头扎进这个故事中，几乎忘了外部世界。我不是那种只关注'拍'的导演。我必须爱上我的拍摄主题，并想了解更多。曾经有人对我说，激情不会持久，但好奇心永在，探索中发现的各种细微事物让我感到兴奋不已。"

我想起了克里希那穆提的一本著作《最初和最终的自由》，也许，最初和最终的自由，就是心流的状态。你的心流有多长的时间、多大的流量在流动，代表了你有多大的天然创造力，代表了你有多大的天赋发挥的成就。人的一生中，总要找到自己的心流时刻，过上心流生活。找到心流，就找到自己最初的梦想与自由，也获得了你最终的梦想与自由。

二、去大企业还是小企业工作好

有 HR 朋友问我，是去大企业工作好，还是去小企业工作好。这个问题，很难做标准化回答。其实，在大企业与小企业工作的感觉，是有很大差别的。

1. 大小之间，冷暖自知

大企业稳定、规范，但相对节奏偏慢、流程复杂，可能关系也复杂，高度内卷。我发现一个有趣的规律，但不一定适用于所有企业，就是企业内部关系的复杂程度与其成立时间长短成正比。这背后的道理，是企业在成长过程中，就像一棵树逐步长起来了，它地下的根也在不断延伸，扩展得越来越广，"盘根错节"很多，有的"根"甚至有久远的历史，你已经无法梳理清楚了。

因此，当你考虑去大企业的时候，要考虑好这一点，里面可能有着很深的人际根脉，需要你时刻留心应对。当然，如果一家企业很早就有了职业化、流程化管理意识，较早实现了制度化、流程化管理，并树立了规范的价值观、用人观，并有良好的管理机制作为保障，也可能会避免进入关系纵横交错的局面，是进入一种"法治"而非"人治"的职业化管理阶段。

而小企业，相对简单，灵活，节奏快，但可能处在野蛮生长的状态，挑战性大，机会多。在小企业工作，要更多地适应变化，因为市场、行业、内部业务与人员都可能在迅速发生变化，对员工个体也会是有冲击的。

有些变化是良性的，比如行业政策的利好、公司的快速发展，都给个人职业快速发展提供了机会；而有些变化是负面的，比如行业性的冲击、公司经营不佳等，给个人职业带来非预期的变动，因为小企业很多仍处在维持生存状态，现金流紧张，容易因为市场、客户的变化产生波动。

小企业更关注个体，因为人不多，每一个个体都是成本，个体的价值创造对公司的影响相对大企业要大得多。所以，小企业会出现"人盯人"的情况，你的价值产出时刻会被评估，成本与产出比是小企业经常琢磨的事情。特别是对于薪酬较高的管理岗位，因为高薪的人凤毛麟角，在小企业就会特别受关注，你是否达到了给你这个薪酬应有的产出。

2. 商业气息的差异

在小企业有一个特别的好处，就是你离市场、离商业特别近，市场的信息、压力很容易传导到内部各个部门，你可以嗅到最新的市场气息，感知到市场的"水温"，这对培养商业意识是很有好处的。这里也有一个小发现，越小的经营组织或个体，对市场、商业的感知越直接、越敏锐、越综合，比如一个出租车司机可以给你讲经济学，街边小摊贩也可以给你讲一套商业逻辑。

所以，当你在小企业的时候，要抓住时机，好好培养你的商业意识、经营意识，错过了时间窗，到了大企业，可能你就没这个机会了。因为在大企业，决策层绝对是少数，大多数能影响公司决策的人，都是很早进入公司的元老，新员工、新晋管理者很难"逆袭"成为决策层，更多还是执行的角色。

3. 大小企业对 HR 的需求

大企业与小企业对人力资源的需求是不一样的。大企业注重大的人力资源框架、人力资源变革、人力资源项目，更多是一些规范性管理、体系性建设的工作。

具体工作上，大企业关注的事情，比如批量人才引进、干部管理、人才梯队建设、绩效薪酬方案（尤其是对经营单元的激励），他们更关注长效管理机制，考虑中长期的事情较多。在大企业做人力资源，能够培养你的体系性、框架性思考，以及方案能力、项目管理能力，当然这是对 COE 岗位而言；对于非 COE 岗位，培养的更多的还是落地执行能力、服务业务能力。

而小企业，看重短期的人员补充，开展适配业务需要的专业培训，以及基础的管理培训、通用职业素养培训，进行基础的绩效管理动作落地，还有企业文化宣传工作，员工关系事件也是经常需要面对的。在小企业做人力资源，更多地锻炼你的是支持与配合业务的能力，以及解决问题的能力，还有快速学习的能力、自主创新的能力（因为可能没有特别专业的人去教你，需要你自行研究与创新）。

在小企业，你的自由度会更大一些，很多你做的事情都是你自己想干的、自己提出来的，而不是公司领导要求的，你会有更多的成就感。有的小企业，正在思考人力资源的价值，人力资源的基础理念、基础体系如何构建，HR 问题诊断等问题。比如最近我和一位 HR 友人沟通，他接触较多中小微企业，这些企业的 HR 现状，引发了他的若干思考：

> 如何帮助老板建立HR理念和HR体系基础？
> 有没有适合中小企业的HR的流程制度清单？
> 一家20人左右的创业型企业，面对复杂的商业环境，如何加强人的思考？
> 对于一家120人的企业，如何进行HR诊断？

以上这些问题，可能是很多中小微企业都面临的现实思考，要想真正能解决他们的问题，一定要深入他们的业务场景，了解他们的切身痛点，结合企业当期阶段的发展特征、资源状态、人员状况等进行适配性的方案输出，切不可直接导入大企业的规范运作。

如果有机会的话，建议做 HR 的朋友经历一下大企业、小企业不同的场景，体验不同的成长。你的思考、你的能力都会更加全面一些。

三、行业对人才底层思维的影响

有一次，我和几位友人聊起不同行业的人才特点，其中一位来自猎头行业的友人提到，现在有些客户指明不要某些特定行业的人才。我乍听有些惊讶，后来问他原因，他说主要是这些行业的人才有些共性的特点。我仔细思考后，认为还是有一定道理的。所以就沿着这个主题做一些分析。

1. 从行业的底层逻辑到人才的底层思维

不同的行业有着不同的成功经营逻辑，形成了这个行业的人才共性的底层思维，尤其当一个人在某个行业工作很长时间（比如从毕业开始，就在这个行业工作多年），其影响更是长远，甚至是根深蒂固，融入了人才血液里。当你选择一个行业的人才时，要留意他的底层思维是什么。

我们在选择一家企业的时候，往往考虑这个行业有没有前途、赚不赚钱，或者企业发展与内部管理好不好，产品有没有市场前景等，却没有思考这个行业成功的底层逻辑是什么，这个行业的人带有的底层思维是什么，你具不具备这种底层思维，你认不认可这种底层思维……有时候，底层思维的差异可能是导致你和企业、未来领导"分道扬镳"的根本原因。

2. 走出固有的行业思维

我们都要尝试走出自己固有的行业思维，接受更多元的思维，当你走出了原有的行业思维，你可能就走出了增长的"第二曲线"。

任正非说："成功不是未来前进的可靠向导。"的确，未来的成功不在过去成功的延长线上。比如华为在运营商业务的成功，其底层思维肯定与企业业务、终端业务有着明显差异，因为其成功的逻辑是不一样的。只有找到了其底层的成功逻辑，找到具有这种底层思维的人，或者培养具有这种底层思维的人，才有可能获得成功。

所谓"成亦萧何，败亦萧何。"如何走出成败翻转的困境，提前去做好风险防范呢？我觉得就是回归到底层逻辑去解构世界。而底层逻辑，有不少专家在解读，比如刘润老师的《底层逻辑：看清世界的底牌》、李善友老师的《第一性原理》，还包括关于"元认知"主题的相关书籍。

那么，依靠这些思维，我们是否就能够完全掌握这个世界运行的本质规律呢？其实不尽然，这些老师们把"人道"的底层规律分析得很透彻，人性本质亘古以来不一定发生过大的变化，但人的世界是多样的，不同国家、地区的人也可能有所不同的特点，况且还有外部环境的多变性，对这些规律的应用要多加小心，需要在不同场景中进行适配。况且，这些人的世界的规律也是人自己总结出来的，人不能超越自身，就像人不能揪着自己的头发把自己提起来。

四、把你的职业发展成果产品化

产品化思维是一种很重要的思维，无论对于组织发展还是个人职业发展，都起着不可忽视的作用。

1. 产品规划，需提前布局

公司要形成自身的产品，这个产品是有一定客户群体的，而且客户愿意为其付钱，才算形成了自己的商业模式。创业型企业应该思考如下问题：

公司有没有自己的产品，客户认不认可这是一个产品？

产品在市场上的竞争力如何，有没有独特性，有没有可复制性？

产品符不符合基本的商业逻辑，有没有满足客户的需求和痛点？

产品在市场上的生命周期如何？

产品之间有没有一个短中长期的梯队？

……

产品是需要提前做好规划的，要打一定的提前量。

以互联网 to B 产品为例，产品的形成，从市场调研分析、形成概念、做出雏形 1.0 版本、上线商用、迭代优化、上量等都需要相当长的时间。你不可能等到市场都遍布了这个产品，已经非常成熟之后再跟随开发，而是要有一定量的预先研究、开发，有一定的领先性，但领先多久需要看企业对市场看得多远、多深，以及资源的丰富程度。

在业务淡季甚至市场萧条期，反而是做新产品规划、研发比较好的时候，因为产品的打磨是需要足够的时间投入的。匆匆忙忙地赶出来的产品，很可能会留下许多隐患。所以，在你从容的时候，让产品自然地成长为它本来应该长成的样子。产品是可以"封装"起来的，也就是说，它是有边界的，它代表着一定客户群体的共性需求，可向客户呈现或交付独有的价值。

公司内不同的细分产品，是可以组合形成一个更大维度的产品的。你的细分产品越丰富，你能组合出新的产品形态更多，可以更多维度地向客户呈现与交付价值。

2. 职业发展，要沉淀出"产品"

其实人的职业发展也一样，你在工作的过程中应该想想，你沉淀出了什么样的"产品"？这个"产品"，可能是一个制度或方案、一个项目或活动、一个流程或工具……更多的，它应该是你在一定工作场景下的工作成果结晶。

这个成果对企业是有价值的，而且它有可复制性，也就说，这种场景、这种需求在其他组织环境下，也是能够得到复制或移植的。如果你的职业是不能沉淀出"产品"的，你要好好评估一下这项工作的价值所在了，以及当你面临职业突然"中断"时，你怎么办的问题。

职业沉淀出的"产品",代表了你的职业核心竞争力,是你可以写在简历上作为你的"业绩成果"的。

试问一下,在这份工作上,你能写出多少业绩成果?业绩成果来源于做事,尽量多做事,做更有挑战的事、更新的事、更有技术含量的事。

3. 总结是最好的成果沉淀方式

做完事情,要勤于、善于总结,总结就是沉淀成果的有效方式。不同的人,即使从事同一件工作,从中能沉淀出的东西也是不一样的,这个不一样,就是差距所在。产品可以用书面的方式,也可以用音频、视频的方式留存、传播与价值复用。我认为书面方式是最佳的,我有一个判断:文字是有独特影响力的。

东西一旦写下来,就代表了一种客观存在,就容易产生穿透性与影响力。而口头表达,一阵风就吹跑了,时间一过就忘了,音频与视频也有这个特点,有缺少沉淀、飘浮不定之感。所以,多动动笔头,你会在职业发展过程中形成更多属于自己的产品,你会更有职业"市场"!